Margot Berger

Zu zweit durch dick und dünn

Meine schönsten Pferdegeschichten

Schneider Buch

Bibliografische Information Der Deutschen Bibliothek
Die Deutsche Bibliothek verzeichnet diese Publikation in der Deutschen Nationalbibliografie; detaillierte bibliografische Daten sind im Internet über http://dnb.ddb.de abrufbar.

Dieses Buch wurde auf umweltfreundlich hergestelltes Papier gedruckt.

Der Schneider Verlag im Internet:
http://www.schneiderbuch.de

Titelfoto: Sabine Stuewer
Herstellung/Satz: Gabi König
Druck: Clausen & Bosse, Leck
Bindung: Conzella Urban Meister, München-Dornach
ISBN 3-505-11920-2

03 04 / 8 7 6 5 4 3 2 1

Alles Liebe
zum Geburtstag

Oma Lilli und
Opa Eugen

April 2003

Inhalt

SOS – Karlsson braucht Hilfe!

„Guck mal, unser Haflinger da drüben! Wie steht der denn auf der Weide? Sieht ja komisch aus."
Anne stieß ihre Freundin Steffi an und zeigte aus dem Fenster des Schulbusses auf den Fuchs mit der blonden Mähne. Das stämmige Pony hatte seine Hinterbeine merkwürdig weit unter den Bauch gestellt und die Vorderbeine nach vorne geschoben.
‚Unser Haflinger', sagte Anne. Das war natürlich nur ein Wunschtraum.
Die Wahrheit war, dass sie und Steffi Pferde zwar wahnsinnig toll fanden, aber leider kein

Geld für ein eigenes hatten. Die beiden 14-Jährigen ritten in einer Reitschule in der Nähe. Den hübschen Haflinger sahen sie jeden Tag auf dem Schulweg.
Steffi und Anne standen auf und versuchten im Vorbeifahren noch einen Blick auf den Hafi zu erhaschen, der mit fünf Großpferden zusammen auf der Weide stand. Doch jetzt tauchte eine Reihe blühender Apfelbäume auf und nahm ihnen die Sicht.
Dieses Frühjahr war ungewöhnlich warm. Nicht nur die Bäume waren schon grün, auch das Gras wuchs wie verrückt. Deshalb hatte die Weidesaison für einige Pferde bereits begonnen.
Der Schulbus fuhr jetzt in einer weiten Kurve um die Weide herum. Anne reckte ihren Kopf und sah, wie der Haflinger sich ins Gras fallen ließ. Er wirkte dabei aber nicht entspannt, sondern merkwürdig steif ...
An diesem Mittwoch hatten Annes Lehrer keine Freude an ihr. Egal, was sie fragten: Anne träumte mit offenen Augen. In Gedanken war sie weit weg, bei „ihrem" Haflinger auf der

Weide. Insgeheim ahnte Anne, nein, sie wusste, dass das Pferd krank war. Endlich war Schulschluss.
Als Anne und Steffi sich im Bus trafen, gab es nur ein Thema: den Haflinger.
Ungeduldig rutschten die Mädchen auf der Sitzbank herum und spähten aus dem Fenster. Kam es ihnen nur so vor, oder fuhr der Bus heute tatsächlich besonders langsam?
Endlich war die Kurve zu sehen. Dahinter lag die Koppel mit den Pferden.
In diesem Moment bog aus einem Feldweg ein grüner Trecker und setzte sich vor den Bus. Der Busfahrer fluchte leise und drosselte sein Tempo. Mit 20 Stundenkilometern rumpelte der Traktor vor ihnen her.
„Bei dieser lahmen Geschwindigkeit können wir unseren Haflinger wenigstens genau angucken", sagte Steffi.
„Da", rief Anne plötzlich und klopfte aufgeregt gegen das Fenster. „Er liegt immer noch da wie heute Morgen."
Ein paar Jungen von den Nachbarsitzen machten sich über die Mädchen und ihren

„Pferdetick" lustig. Aber Anne und Steffi kümmerten sich nicht darum. Was wussten die schon?
Tatsächlich sah man, wenn man etwas von Pferden verstand, dass das Pony eigentümlich angestrengt im Gras lag.
Anne sprang auf und zog Steffi hinter sich her zum Busfahrer. „Wir müssen hier raus", sagte sie energisch zu dem Mann, der gerade aufatmete, weil der langsame Traktor abbog. „Da drüben bei den Pferden stimmt etwas nicht."
„Du spinnst wohl", brummte der Fahrer und legte einen höheren Gang ein. „Wenn ich an jedem Apfelbaum halten würde, um einen von euch herauszulassen, dann könnte ich ..."
Was er könnte, erfuhr man nicht mehr.
Mit einem Satz sprang Anne die Stufen zur Tür hinunter und rüttelte daran.
„Das ist ein Notfall", fauchte sie. „Ich zeige Sie an ... wegen ... wegen unterlassener Hilfeleistung. Jawohl."
„Momentchen, junge Dame ...", wetterte der Fahrer. „Nix da."

Aber dann seufzte er, stoppte doch und ließ die beiden hinaus.
„Danke“, rief Anne ihm über die Schulter zu und stürmte neben Steffi Richtung Weide. Sie kletterten über das Gattertor und liefen über die Wiese. Es duftete nach frischem Grün und nach Blumen, aber dafür hatten die beiden Mädchen jetzt keinen Sinn. Sie wollten nur schnell zu ihrem Pony.
Der Hafi hatte sich inzwischen mühsam hochgestemmt. Aber er bewegte sich keinen Zentimeter von der Stelle, als die Mädchen näher kamen. Wieder stand das Pferd so unnatürlich da wie heute Morgen, die Hinterbeine weit unter den Körper geschoben.
„Ruhig, Kleiner.“
Anne kraulte ihm die blonde Mähne, während Steffi sich bückte und mit den Händen an den Vorderbeinen entlangstrich.
„Vielleicht hat er sich vertreten“, sagte sie, aber als sie die Hufe abtastete, wurde sie aufgeregt.
„Du, Anne, die sind ganz heiß ... hier oben an den Kronrändern.“

Das Pony bekam einen ängstlichen Gesichtsausdruck, als Steffi auf die empfindliche Stelle drückte.
Anne kramte angestrengt in ihrem Gedächtnis, bis sie sich an etwas erinnerte.
„Ich glaube, ich weiß, was los ist", sagte sie. Wie war das noch bei ihrer ersten Reiterprüfung ... damals war sie nach Pferdekrankheiten gefragt worden. Auch nach Hufrehe. „Bei Hufrehe stehen die Pferde ganz merkwürdig da, weil sie höllische Schmerzen in den Hufen haben", erinnerte sie sich. „Ponys kriegen Hufrehe, wenn sie im Frühjahr zu viel Gras fressen. Zum Beispiel Haflinger, Fjordpferde, Shettys ... ja, genau, das ist es." Anne lief zum Gattertor und sah nach, ob dort eine Tafel mit dem Namen der Pferdebesitzer hing. Fehlanzeige. Kurz entschlossen holte sie ihr Handy aus der Jackentasche und tippte die Nummer ihrer Reitschule ein. „Herr Wellmann? Anne hier. Ich stehe auf der Weide an der Straße nach Meiendorf." In Kurzform erzählte sie ihm die Geschichte von dem kranken Pferd.

Eine Stunde später fuhr der Tierarzt vor. Er wusste, wem der Haflinger gehörte, weil er ihn früher mal geimpft hatte.
„Der Besitzer wird heilfroh sein, dass ihr das kranke Pferd entdeckt habt. Der Haflinger heißt übrigens Karlsson."
Dann untersuchte er das Pferd.
„Hufrehe", bestätigte der Tierarzt. „Karlssons Besitzer ist eigentlich ein vernünftiger junger Mann. Es wundert mich, dass er sein Pony im Frühjahr so lange im jungen Gras lässt. Er kann froh sein, dass Karlsson keine Kolik bekommen hat."
Er packte seine Arzttasche und musterte das Pferd, das von seinen Schmerzen deutlich gezeichnet war.
„Die Hufe müssen ständig gekühlt werden. Und der Bursche braucht ab sofort Diätfutter. Das geht hier nicht. Er gehört dringend in eine Box."
Er telefonierte mit Reitschulbesitzer Wellmann. Kurz darauf fuhr Herr Wellmann mit seinem Hänger auf die Weide und lud den kranken Haflinger auf. Karlsson sollte erst

einmal zu ihm, in eine Box mit dicker Einstreu aus Spänen.
Der Tierarzt schrieb den Mädchen die Adresse des Pferdebesitzers aus seinem Notizbuch auf. Als Herr Wellmann mit dem Haflinger von der Weide abfuhr, bat er die Mädchen: „Fahrt doch bitte mit dem Rad zu Karlssons Besitzer und steckt ihm eine Mitteilung in den Briefkasten, dass sein Pferd in meinem Stall steht. Der Mann geht nicht ans Telefon, ich hab's vorhin probiert."
Der Tierarzt fuhr die Mädchen nach Hause. Sie holten ihre Räder und brachen zum Besitzer des Haflingers auf. Unterwegs schaute Anne noch mal auf den Adressenzettel. „Der Besitzer heißt auch Karlsson", stellte sie fest. „Kai Karlsson. Witzig."
Das Haus an der Schwedenstraße 17 war ein hübsches, vierstöckiges Mietshaus mit rotem Dach. Auf dem Klingelschild standen zehn Namen. Ganz oben, also unterm Dach, wohnte Kai Karlsson.
„Karlsson vom Dach", sagte Anne und lachte. Niemand öffnete, als die Mädchen klingel-

ten. Aber eine nette Nachbarin ließ sie ins Treppenhaus, als sie vom Einkaufen nach Hause kam und von dem kranken Pferd hörte.

„Ich habe seinen Schlüssel", sagte sie und stieg mit den Mädchen die Treppe hinauf bis unters Dach. „Für den Urlaub und für Notfälle. Wir legen euren Brief gut sichtbar in die Küche."

Aber dazu kamen sie gar nicht.

Kaum öffnete die Nachbarin die Tür, hörte man Rufe aus dem Dachzimmer, das Kai Karlsson sich über der Wohnung ausgebaut hatte.

Anne stieg über die enge Treppe nach oben. In dem kleinen Raum mit schrägen Wänden entdeckte sie einen jungen Mann, der gekrümmt auf dem Holzboden lag.

„Dich schickt der Himmel", stöhnte der Junge. „Seit gestern kann ich mich nicht rühren, hab mir wohl einen Nerv im Rücken eingeklemmt. Und mein Handy liegt unten. Genial, was?"

Trotz seiner unglücklichen Lage fand Anne

den schwarzhaarigen Jungen sofort sympathisch. Schade, dachte sie, dass ich den nicht woanders getroffen habe. Laut sagte sie: „Soll ich einen Arzt rufen?"

Gequält winkte Karlsson vom Dach ab. „Später. Erst muss sich jemand um mein Pferd kümmern. Das steht schon viel zu lange auf der Weide. Hoffentlich ist es nicht krank geworden von dem jungen Gras."

Anne musterte den Schwarzhaarigen. „Hm ... leider doch." Sie hockte sich neben ihn auf den Boden. „Darum bin ich ja hergekommen. Es hat Hufrehe ... aber keine Panik. Dein Hafi wird wieder gesund, meint der Tierarzt. Wir haben ihn in Wellmanns Stall untergebracht. Wenn du willst, kümmere ich mich um dein Pferd, bis du wieder fit bist."

„Was ist da oben los?", ertönte Steffis Stimme von unten.

Anne sprang auf.

„Bestell den Notarzt", rief sie über das Treppengeländer. „Eingeklemmter Nerv."

Obwohl Kai im Moment nicht der Sinn nach Mädchen stand, stellte er doch fest, dass

Anne ihm ungewöhnlich gut gefiel. Darum wollte er sie nicht einfach gehen lassen.
„Kümmerst du dich nur um den vierbeinigen Karlsson?", fragte er mit mühsam unterdrückten Schmerzen. „Oder auch um den zweibeinigen?"
Annes Herz klopfte auf einmal bis zum Hals. Sie wurde rot und antwortete zögernd. „Hm ... ich muss mich wohl um beide kümmern. Du willst bestimmt immer das Neueste von deinem Haflinger wissen."
„Und ob ich das will", antwortete Karlsson vom Dach.
Dann guckten sie sich nur noch an und schwiegen, bis draußen ein Martinshorn zu hören war. Erst da redete Kai Karlsson wieder.
„Manchmal ist so ein eingeklemmter Nerv doch irgendwie gut", sagte er.
Das fand Anne auch.

Zwei beste Freundinnen

Sie waren richtige Freundinnen, für die Ewigkeit und noch länger. Schon als Fohlen tobten die beiden Freiberger Stuten zusammen über die Weiden ihrer Schweizer Heimat. Von weitem konnte man sie für siamesische Zwillinge halten, denn man sah immer acht Beine, vier Ohren und zwei Schweife zusammen. Mia ohne Minka? Das ging gar nicht. Sie waren immer beieinander. Sogar, als sie in die „Freiberger Schule" kamen, das ist eine Art Grundschule für junge Pferde. Zusammen lernten sie Hufe zu geben, Sattel und Reiter zu tragen und vor einer Kutsche zu gehen.

In der Pause ging es wieder auf die Weide. Und obwohl dort mehr als 40 andere Pferde standen, blieben Minka und Mia am liebsten zu zweit. Kopf an Kopf grasten sie und teilten jeden Halm. Dabei hätte jede von ihnen reichlich Platz gehabt, woanders zu fressen. Endlos lang erstreckte sich die Weide über sanfte Hügel. Man hätte glauben können, sie reiche bis ans Ende der Welt.
Als es Sommer wurde und die Sonne knallheiß brannte, standen Mia und Minka dicht beieinander unter den wenigen Baumgruppen, die Schatten spendeten. Oft durchquerten die beiden jungen Stuten das Weidegebiet bis fast ganz hinten, wo nur noch harte Gräser wuchsen und Steine aus der Erde guckten. Hier oben, wo man dem Himmel mit seinen wilden Wolkengebilden am nächsten war, blies ein ordentlicher Wind. Aber der machte den Freiberger Stuten nichts aus. Genauso wenig wie der steinige Boden.
Jeden Tag wurden sie geschickter. Schon bald blieben sie sicher stehen, wenn ein Stein unter ihnen ins Rollen kam oder wenn ihre

Hufe auf einem Felsen abrutschten. Nur schade, dass ihre Lehrer in der Freiberger Schule sie nicht sehen konnten - sonst hätten sie für ihre Trittsicherheit die besten Zensuren bekommen.
Manchmal blieben die beiden Pferde den ganzen Tag in dem kargen Gelände. Die Freiberger Stuten liebten es, wenn der Wind durch ihre Stehmähnen fuhr und den Duft von Kräutern und Blüten herantrug.

Bis zu jenem Samstag im August glaubten die beiden Pferdefreundinnen, es gäbe nichts anderes auf der Welt als die freien Berge im Schweizer Jura. Woher sollten sie auch wissen, dass Freiberger Pferde nach drei Jahren mit der Grundschule fertig sind? Dass es dann heißt: Jetzt bist du ein Reitpferd!
Sicher, eigentlich hätten Minka und Mia stutzig werden müssen, als ein Pferd nach dem anderen ihre Weide verließ. Es kamen jetzt öfter Leute, die einen der vielen Freiberger kauften und sie als Reitpferde mit nach Hause nahmen. Aber solange Mia und Minka zu-

sammen waren, interessierte sie das Verschwinden ihrer Artgenossen einen Dreck – oder besser gesagt, einen Haufen Pferdeäpfel.
Erst an diesem Samstag im August änderte sich ihr Leben schlagartig. Mia wurde von der Weide geholt. Und während Minka ihr noch jämmerlich hinterherwieherte, fand Mia sich plötzlich in einem Pferdeanhänger wieder.
Sie waren getrennt! Würden sie sich jemals wieder sehen?
Vor Aufregung verschlug es Mia erst einmal die Sprache. Die schöne Stute war so überrascht von dem Verladen, dass sie nicht einmal zum Antwortwiehern kam.
Die neue Weide bei Hamburg war nicht schlecht, aber Mia traf dort kein einziges Schweizer Pferd, sondern Holsteiner, Friesen und Fjordpferde aus Norwegen. An die Schweizer Heimat erinnerten sie nur die dicken Wolken am Himmel. Und der Wind, der in Hamburg von der Küste rau herüberwehte.

Mia wurde sofort von den Hamburger Reitschülern verwöhnt und mit Möhren und Äpfeln voll gestopft.
„Guck mal, das Herz auf der Stirn, wie süß", rief jeder, der sie sah.
Die Ausritte in die neue Landschaft gefielen Mia gut. Die Sandwege waren viel bequemer als das unwegsame Gelände zu Hause. Mia wunderte sich, dass ihre Nachbarpferde stolperten, sobald ein einziger Stein im Weg lag. Was hätten die bloß auf den felsigen Böden in der Schweiz gemacht?
Wenn Mia Steine sah, bekam sie Heimweh nach Minka, und das Leuchten in ihren dunklen Augen erlosch. Wie mochte es Minka gehen?
Gut, dass es die Steine gab. Denn die brachten Mia Glück. Der Reitlehrer bemerkte nämlich schnell, wie geschickt seine neue Freiberger Stute durchs Gelände trabte, ohne ein einziges Mal auf einer steinigen Stelle umzuknicken.
„So ein trittsicheres Pferd! Das ist ideal für Ausritte", sagte er.

Kurz entschlossen spannte er im September seinen Pferdehänger hinters Auto und fuhr erneut Richtung Schweiz. Als er ein paar Tage später mit der neuen Stute im Hänger zurückkam, war auf seinem Reiterhof im Nu der Teufel los.
Minka, die er durch Zufall gekauft hatte, wieherte laut und aufgeregt aus dem Hänger nach ihrer alten Weidegenossin, die sie sofort gewittert hatte.
Mia stand eine Sekunde lang wie vom Blitz getroffen in ihrer Box, dann drehte sie sich wie von Sinnen im Kreis und wieherte durchdringend. Das war die Stimme ihrer Freundin! Minka war wieder da! Mia war so aus dem Häuschen, dass sie mit allen vieren gleichzeitig hochsprang.
Beim Ausladen war Minka kaum zu halten. Noch am Strick stürmte sie auf die Box ihrer Freundin zu. Schnaubend steckten beide die Nasen zusammen und schmusten, als wären sie Millionen Jahre getrennt gewesen. Und als die beiden auf die Weide durften, ging das Ganze noch einmal von vorne los! Es war

rührend, ihre Wiedersehensfreude mitzuerleben. Wie sie rannten und sprangen und sich zum Wälzen ins Gras warfen.
Endlich hatten sie sich ausgetobt, die Freundinnen, die sich verloren und wieder gefunden hatten. Danach standen die beiden braunen Stuten Kopf an Kopf unter einer Eiche und hielten ihre Nasen in den Septemberwind. Und wenn man genau hinguckte, dann sah man, dass Mias Augen wieder leuchteten ...

Windspuk und Krümel

Wie eine kalte Hand griff das Entsetzen nach Melinda.
Grauenvolles Stöhnen drang aus der letzten Box, als sie gerade nach Hause gehen wollte.
Wie jede Woche hatte Melinda eine Tüte mit Pferdebrot in den abgelegenen Stall gebracht, der morgens meistens menschenleer war.
Wieder stöhnte das Pferd. Schwach nur, aber es waren schreckliche Laute, die Melinda bis ins Mark trafen. Ohne lange nachzudenken, griff sie nach einer schweren Schaufel und schlug das Vorhängeschloss an der Stalltür

kaputt. In der Box hatte sie früher eine Vollblutstute mit ihrem Fohlen gesehen. Auf ihre Fragen, wo die beiden geblieben waren, bekam Melinda immer nur ein gleichgültiges Schulterzucken als Erwiderung.
Nun kannte sie die Antwort.
Bestialischer Gestank schlug ihr entgegen. Unwillkürlich wich sie zurück. Faulige Strohreste und nasse Pferdeäpfel bedeckten den Beton. Fassungslos starrte Melinda auf den Boden.
Stöhnend lag eine bis aufs Skelett abgemagerte Stute in dem Dreck. Sie richtete ihre glanzlosen Augen auf das Mädchen, als es die Box betrat, aber das Tier war nicht einmal stark genug, um den Kopf zu heben. Aus eigener Kraft konnte die Stute nicht mehr aufstehen. Mit hängendem Kopf stand ein abgemagertes Fohlen neben ihr. Ein ausgezehrtes Gerippe aus Haut und Knochen, das sich kaum auf den Beinen halten konnte.
„Wer kann so etwas zulassen?", flüsterte Melinda. Tränen schossen ihr in die Augen. Am liebsten hätte Melinda die Tür zugewor-

fen und wäre weggelaufen vor diesem Bild des Elends. Sie war verstört und verwirrt. Aber sie zwang sich, dazubleiben und zu überlegen. Was konnte sie tun? Was musste sie tun? Melinda fühlte sich total überfordert. Sie hatte nicht viel Ahnung von Pferden, bisher hatte sie sie immer nur von weitem bewundert. Mit glühendem Gesicht lief sie durch den Stall nach draußen und rief um Hilfe. Doch alles war wie ausgestorben. Melinda lehnte sich an die Stallmauer und atmete tief durch. Der erste Schock war vorbei, sie dachte klarer. Laut sagte sie zu sich: „Ich rufe die Polizei an. Die müssen doch etwas tun." Sie holte ihr Handy aus der Tasche. Was für ein Glück - die Polizistin am anderen Ende war Reiterin. Sie begriff sofort, dass schnelles Handeln nötig war. Die Polizeibeamtin versprach, möglichst rasch Hilfe zu schicken. Melinda fühlte sich ein klein wenig besser, als sie zurück zu den Pferden ging. „Soll ich euch Wasser bringen?", fragte sie, um irgendetwas zu sagen. Die Pferde reagierten nicht, sie waren zu entkräftet, um auch

nur einen einzigen Schritt zu tun oder sich aufzurichten.
Melinda lief zum Wasserhahn am Ende des Stalls und drehte ihn auf. Die Pferde so leiden zu sehen, war fast mehr, als sie ertragen konnte. Sie schleppte einen Eimer mit frischem Wasser in die Box. Gierig trank das Fohlen. Melinda nannte den Hengst insgeheim „Krümel", weil er so winzig war. Die Mutterstute war zu schwach zum Trinken. Sie machte nicht einmal den Versuch aufzustehen - obwohl Melinda ihr anmerkte, dass sie fast am Verdursten war.

Wenig später traf die Polizei ein und brachte gleich einen Tierarzt mit. Es stellte sich heraus, dass der Pferdebesitzer Stute und Fohlen einfach im Stich gelassen hatte. Er war völlig pleite, besaß nicht einmal mehr Geld für Futter. Aber statt die Pferde zu verkaufen, verschloss er die abgelegene Box, damit niemand seine mageren Tiere sah. Die automatische Tränke spendete zwar Wasser, doch die geschwächte Stute kam dort nicht

mehr heran. Und für das Fohlen war die Tränke zu hoch.
Der Tierarzt war entsetzt, als er einen Blick in die Box warf. „Ich fürchte, die Stute ist nicht zu retten", sagte er traurig nach der Untersuchung. Dann fotografierte er die Box, die Polizisten machten sich Notizen und berieten sich.
In der nächsten Stunde starb die Stute.
Es war, als hätte sie sich mit aller Kraft so lange am Leben gehalten, bis jemand sich ihres Fohlens annahm.
Melinda fing an zu weinen, als ihr bewusst wurde, dass sie zu spät gekommen war.
Der Tierarzt legte ihr die Hand auf die Schulter. „Mädchen, ich konnte wirklich nichts mehr für sie tun. Das Pferd ist regelrecht verhungert und verdurstet."
„Und ihr kleiner Junge?", flüsterte Melinda und wischte sich mit dem Ärmel übers Gesicht.
Der Tierarzt wiegte den Kopf und sah mitfühlend zu dem Fohlen hinüber. „Wenn ich ehrlich bin, ich glaube nicht, dass er ..."

„Können Sie es nicht wenigstens versuchen?", fragte Melinda schnell, bevor er zu Ende sprechen konnte.
Der Tierarzt warf einen erneuten Blick auf das Pferdekind, das teilnahmslos in der Ecke stand.
„Das Problem ist nicht nur die Ernährung. Dem Kleinen fehlt eine Mutter, die ihm alles beibringt, was ein Pferd wissen muss. Zum Beispiel das richtige Verhalten in der Herde, Umgang mit Menschen und so etwas. Waisenkinder haben es später sehr schwer. Außerdem - ob der Krümel überhaupt durchkommt, ist fraglich ..."
Plötzlich fiel Melinda etwas ein. Bittend sah sie den Tierarzt an. „Ich kenne einen Gnadenhof, ganz in der Nähe, an der Weser. Vielleicht bekommen die ihn durch."
Der Tierarzt kannte den Gnadenhof auch. „Du hast Recht. Das sind Fachleute mit viel Pferdeverstand. Die könnten es schaffen. Allerdings - dort gibt es nur ausgemusterte Sportpferde, aber keine Mutterstute, die sich um den Krümel kümmern könnte."

Sie versuchten es trotzdem.
Noch am Nachmittag holte Herr Bernhard vom Gnadenhof das halb verhungerte Hengstfohlen zu sich auf die Sommerweide. Dort stand seine Herde, verstoßene Spring- und Dressurpferde, ausgemusterte Traber und Galopprennpferde, die von ihren Besitzern einen Fußtritt bekommen hatten, als sie keine Leistung mehr brachten. Mit dem Geld von Pferdefreunden konnten diese Tiere auf dem Gnadenhof ihren Lebensabend genießen.
Melinda durfte mitfahren. An der Weide stand ein kleiner Campingwagen als Wachstation. Von dort beobachtete Herr Bernhard alle Neuankömmlinge, von da aus wollte er auch den Kleinen im Auge behalten. Für die nächsten Tage richtete er sich auf einen anstrengenden Wachdienst ein. Wie würden die anderen Pferde auf den Neuling reagieren? Der Kleine hatte keine Mutter, die ihn verteidigte und die ihm beibrachte, dass man aus dem Weg geht, wenn der Herdenchef an die Tränke will oder an die Raufe mit Heu.

Es war ein Risiko, das schutzlose Fohlen auf die Gemeinschaftsweide zu stellen.
Andererseits war es die einzige Möglichkeit, Krümel eine Überlebenschance zu geben. Er brauchte Sonne, frische Luft, Weide und Artgenossen so dringend wie gutes Futter.
Behutsam lud Herr Bernhard das Fohlen aus, er trug es mehr, als er es führte. Umsichtig begleitete Melinda ihren Krümel vom Hänger zum Tor. Mit beiden Armen umfasste sie den jungen Hengst und geleitete ihn ins duftende Gras. Als das Fohlen auf unsicheren Beinen allein ein Stück weiterstakste, löste sich plötzlich Windspuk, der Traberwallach, aus der Herde. Mit fliegender Mähne galoppierte der Fuchs auf das Fohlen zu, dabei stieß er ein helles, aufgeregtes Wiehern aus. Sofort hob Herr Bernhard die Hände.
„Hoh, hoh", sagte er beruhigend und stellte sich neben das Fohlen. Würde der Traber den Kleinen verjagen? Beißen?
Aber nichts davon passierte. Ganz im Gegenteil: Auf der Weide des Gnadenhofs geschah ein Wunder.

Mit überschwänglicher Freude begrüßte der Traber das Fohlen, liebevoll leckte er den mageren kleinen Kerl ab. Ja, Windspuk ließ keinen Zweifel daran, dass er Krümel auf der Stelle als Sohn adoptieren wollte.

Herr Bernhard, der erfahrene Pferdemann, konnte es nicht fassen. Was er sah, trieb ihm die Tränen in die Augen. Es war der Beginn einer wunderbaren Freundschaft.

Der Traber wich nicht mehr von der Seite des Fohlens. Ging der Kleine zur Tränke, trabte Windspuk unaufhörlich im Kreis um das Fohlen herum. Jedes Pferd wurde von ihm vertrieben, bis „sein Sohn" sich satt getrunken hatte. Er zerrte Heubündel aus der Raufe und legte sie seinem Adoptivkind zu Füßen.

Mittags lag das merkwürdige Paar zusammen in der Sonne. Der Kleine schlief mit ausgestreckten Beinen und kuschelte sich wohlig an den Traberbauch.

Als der Hufschmied das erste Mal kam, stellte Windspuk sich dicht neben Krümel, um ihm zu zeigen, dass er stillstehen musste. Und tatsächlich ließ das Fohlen sich die Hufe be-

arbeiten, ohne einmal zu zucken. Von Anfang an gab es kein Problem, das Fohlen am Halfter zu führen oder in den Hänger zu verladen. Krümel ahmte alles nach, was seine „männliche Mutter" ihm vormachte.
Inzwischen ist Krümel zu einem prachtvollen, kräftigen Vollblut herangewachsen. Wenn er heute mit seinem Traber über die Weide stürmt, funkeln seine Augen - das Leben kann so schön sein! Nichts erinnert mehr an das halb verhungerte Kerlchen, das Melinda damals fand. Krümel hat die beste Ersatzmutter der Welt gefunden. Und die ist eben ein männliches Pferd - wen stört das schon?

Erkennungszeichen: Jeans

Lange Beine in verwaschenen Jeans – das war das Erste, woran das neugeborene Stutfohlen Lady geschnuppert hatte, damals im Mai. Die Jeansbeine wurden „Jana" gerufen, und alles was zu diesen Jeans gehörte, erschien der kleinen Fuchsstute Vertrauen erweckend. Wenn die Jeansbeine auf der Stallgasse erschienen, kündigte sich das durch ein ansteckendes Lachen an, das Lady sofort die Ohren spitzen ließ.
Das zweite Interessante war für Lady das end-

lose gelbe Blütenmeer in der Lausitzer Heide gewesen, das aussah wie Millionen winziger Sonnen auf Stängeln und das die Menschen „Rapsfeld" nannten. Lady war felsenfest davon überzeugt, dass die Jeansbeine und die Rapsfelder in den nächsten 20 bis 30 Jahren ihres Lebens in ihrer Nähe sein würden. Fohlen denken nun mal so.
Eines Morgens im Juni, nach einem gewaltigen Gewitterregen, war das endlose Gelb nicht mehr da. Weg. Verschwunden. Lady war gerade fünf Wochen alt und verstand die Welt nicht mehr. Immer wieder lief sie an diesem Morgen zum Ende der Weide, legte den Kopf hoch auf den Zaun und starrte auf die Felder, die plötzlich grün und nicht mehr gelb aussahen. Der Regen hatte alle Blüten von den Stängeln gewaschen.
Fohlen haben viel zu tun, und weil Lady ja die Jeansbeine namens Jana geblieben waren, vergaß sie die Rapsfelder.
Erst als die gelben Blüten im nächsten Frühjahr erneut auftauchten, erinnerte sich die Brandenburger Stute wieder daran und mach-

te sich ihren Reim darauf: Manche Dinge verschwinden offensichtlich eine Zeit lang und tauchen dann wieder auf. Beruhigend zu wissen, fand Klein-Lady.
Als eines Tages auch die Jeansbeine nicht mehr kamen, merkte Lady das zwar sofort, geriet aber nicht in Panik. Ihre Rapsfelder waren zurückgekommen, also würden auch die Jeans mit Jana darin heimkehren ...
Die Sache hatte nur einen Haken: Jana wusste gar nichts davon, dass das Brandenburger Fuchsfohlen felsenfest mit ihr rechnete.
Damals, im Mai, war sie nur rein zufällig bei Ladys Geburt in dem Stall im brandenburgischen Sonnewalde gewesen. Eigentlich fuhr sie dort nur zum Reitunterricht hin, genau wie die anderen Jungen und Mädchen.
Natürlich, Jana mochte die kleine Lady. Schon deshalb, weil sie ungewöhnlich klug und verständig war. Aber woher sollte sie wissen, wie viel sie dem Fohlen bedeutete? Das ahnte sie nicht einmal im Traum.
Und darum fand Jana es völlig normal, dass sie nach der Schule ihre Koffer packte und

für viele Jahre aus Brandenburg wegzog. Kleine Fohlen und große Mädchen gehen eben nur selten dieselben Wege.

Fünf Jahre später - Jana war inzwischen Pferdewirtin und hatte sich ihre ersten Sporen verdient - konnte sie endlich daran denken, sich ein eigenes Pferd zu kaufen.

Sie ließ sich Zeit, um das richtige Pferd zu finden. Jana testete ein paar Holsteiner, probierte Hannoveraner und einige Vollblüter, mehrere Westfalen und Oldenburger. Aber das Gefühl „das ist es" hatte sie bei keinem. Also suchte sie weiter.

Lady war in den letzten Jahren zu einem bildschönen Pferd herangewachsen. Sie ließ auf der Weide keinen Zweifel daran, dass sie eine Führungspersönlichkeit war.

Ihr starker Charakter machte ihr aber auch Schwierigkeiten.

Als sie von einem Reitverein in Hamburg als Schulpferd gekauft wurde, dachte sie gar nicht daran, sich schwachen Reitern unterzuordnen. Lady buckelte und bockte. Lady benahm sich absolut nicht ladylike, wenn der

Reitschüler sich nicht durchsetzen konnte. Dabei machte ihr das Geritten werden eigentlich Spaß! Aber - Lady war wählerisch! Nur bei guten Reitern schnaubte sie zufrieden und zeigte, was in ihr steckte. Bevor sie sich einem unterordnete, musste er ihr schon beweisen, dass er mehr konnte als sie. Kein Wunder, dass auf diese Weise weder die Brandenburger Stute noch die Reitanfänger glücklich wurden! Darum sollte Lady wieder verkauft werden.

Natürlich wusste sie nichts von alledem, sonst hätte sich ihre Stimmung erheblich verbessert.

So aber beäugte sie misstrauisch jeden, der sich ihr näherte. Schon wieder ein neuer Reitschüler, der sie nerven wollte? Die schlanke junge Frau, die gerade Kurs auf ihre Außenbox nahm, kannte sie nicht. Sicherheitshalber legte Lady die Ohren an, um ihr anzudeuten, dass sie unerwünscht war. Doch die Frau kam nicht näher, sondern blieb auf dem Hof stehen und unterhielt sich mit einer anderen Reiterin.

„Lady ...", hörte die Stute sie versonnen sagen. „Ich kannte mal eine Lady. Aber das ist lange her. Brandenburg ... Was wohl aus ihr geworden ist?"
Lady erlaubte ihrem rechten Ohr, sich wieder aufzurichten. Diese Stimme, dieses ansteckende Lachen ...
Angestrengt kramte die Stute in ihrem Gedächtnis. Sie setzte viele Kleinigkeiten wie ein Puzzle zusammen: die Größe des Mädchens und sein Lachen, die Art, wie sie an ihren Jeans zupfte, den Klang ihrer Stimme und der Tonfall, in dem sie „Lady" sagte.
Noch bevor die junge Pferdewirtin das Brandenburger Brandzeichen unter der Mähne von Lady entdeckte und sie stürmisch umarmte – lange vorher wusste es die Stute schon: Ihre Lieblingsjeans namens „Jana" waren heimgekehrt.
Weil Lady wirklich so klug war, wie alle von ihr sagten, ließ sie ihre Jana, die gerade eine neue Stelle in einem Hamburger Reitverein anfing, nicht mehr aus den Augen. Und nach einer – in Ladys Augen völlig überflüssigen –

Testwoche entschied sie voller Überzeugung: „Die ist es."
Von jedem Turnier bringen die beiden mittlerweile Siegerschleifen mit. Und alle, die Lady noch als störrisches Schulpferd erlebt haben, staunen: „Unglaublich, wie prächtig die Stute sich entwickelt hat."
Dann amüsiert sich Lady heimlich darüber, dass es letztlich immer die Pferde sind, die am besten wissen, was gut für die Menschen ist.
Sie, Lady, hatte ja von Anfang an geahnt, dass sie und die Jeanshose ein tolles Team sein würden. Wirklich schade, dass Menschen manchmal so viel Zeit verschwenden, nur weil sie nicht so gradlinig denken wie Pferde ...

Stallverbot

Jeden Abend holt Nina Petersen ihr Tagebuch aus dem Versteck unter ihrer Matratze hervor und macht sich Notizen. Vor allem darüber, was in „ihrem" Reitstall los ist, der gleich um die Ecke liegt – der Reiterhof Rotberger. Jeden Tag rennt Nina sofort nach den Hausaufgaben zu den Pferden. Manchmal auch vorher. Aber das darf natürlich keiner wissen.

In ihrem Tagebuch schreibt Nina alles auf – vor allem das, was die Pferde wieder angestellt haben. Aber auch das Neueste über ihre Freundinnen Merle und Tessy. Das heißt

– über Tessy gibt es im Moment nichts zu berichten. Ihre Eltern lassen sie nämlich seit einigen Tagen nicht mehr zu den Pferden – Stallverbot!
Tessy soll mehr für die Schule lernen. Sie ist todunglücklich, dass sie nicht zu ihrem Lieblingspferd darf, dem knuffigen Pony Bandit.
Jeden Tag schreibt Nina den gleichen Satz in ihr Tagebuch: „Tessy war wieder nicht im Stall."
Dann kommt ein Freitag im Juli. Von da ab gibt es plötzlich wieder mehr über Tessy zu berichten. Das schreibt Nina in ihr Tagebuch:

Freitag: Im Stall war vielleicht was los!! Tessy ist verschwunden! Mit Bandit. Sie hat bloß einen Zettel in seine Box gelegt, auf dem stand: „Sucht nicht nach mir."
Sehr witzig.
Natürlich suchen wir. Tessy hat Merle und mir nichts von ihrem Fluchtplan verraten. Kein Sterbenswörtchen. Das glaubt uns natürlich niemand. Alle haben uns ausgequetscht: Herr Rotberger, Tessys Eltern und die Polizei.

Die ist extra in den Stall gekommen. Die Polizisten haben sich haarklein aufgeschrieben, welche Klamotten Tessy anhatte. Und wie Bandit aussieht. Und dass Tessy vermutlich wegen des Stallverbots getürmt ist.
Die Polizei hat dann Streifenwagen losgeschickt mit der Beschreibung von Tessy und Bandit.

Samstag: Wir hatten alle gehofft, dass Tessy über Nacht heimlich mit Bandit zurückkommen würde. Fehlanzeige. Ich wette, sie will ihren Eltern ordentlich Angst einjagen. Damit die das Stallverbot zurücknehmen.
Den ganzen Tag hat es geregnet und gestürmt. Trotzdem sind wir mit Herrn Rotberger ausgeritten und haben nach Tessy gesucht. Unser Schmied ist mit seinem Schäferhund losgezogen. Aber nichts. Heute nacht schlafe ich bei Merle. Wir wollen Suchplakate malen.

Sonntag: Hurra! Ein Lebenszeichen von Tessy! Heute Nacht hat sie bei Herrn Rotberger angerufen. Aber sie verrät nicht, wo sie steckt. Typisch Tessy. Stur wie immer! Wir waren den ganzen Tag mit den Pferden unterwegs und haben 50 Suchplakate aufgehängt. Abends kam eine Rundfunkreporterin und hat uns interviewt. Ich durfte ins Mikrofon sprechen. Merle auch. Stark!

Montag: Immer noch keine Spur von Tessy. Inzwischen haben alle im Stall Bauchschmerzen vor Aufregung. Es regnet nämlich immer noch. Herr Rotberger meint, dass Tessy sich bestimmt erkältet hat. Und dass sie vielleicht krank ist und deshalb nicht zurückkommen kann. Er hat auch Angst, dass Bandit nicht genug zu trinken kriegt. Schließlich müsste Tessy jeden Tag 30 Liter Wasser für ihn heranschleppen.
Ehrlich gesagt, um Bandit machen wir uns keine Sorgen. Tessy hat mindestens zwanzig Pferdebücher gelesen und weiß genau, was ein Pferd braucht.

Dienstag: Tessy ist wieder da! Wahnsinn!

Aber der Reihe nach ... Morgens holte Herr Rotberger Merle und mich aus der Schule. Unser Mathelehrer war total anständig und hat uns gleich gehen lassen, als er hörte, um was es ging. Herr Rotberger wollte sofort mit uns einen Sucheinsatz reiten. An einem Teich weit draußen im Gelände war nämlich ein Hufeisen von Bandit gefunden worden. Außerdem ein T-Shirt von Tessy. Die beiden mussten also irgendwo dort stecken.
Drei Stunden haben wir rund um den Teich gesucht, bis wir Tessy endlich fanden. Auf einer einsamen Wiese, in einem Unterstand für Pferde. Sie war ziemlich happy, als wir kamen. Tessy war nämlich krank geworden, wie Herr Rotberger schon befürchtet hatte. Sie hatte hohes Fieber und hustete wie verrückt.
Unser Schmied hat sie mit seinem Geländewagen direkt zum Arzt gebracht. Tessy ist haarscharf an einer Lungenentzündung vorbeigeschrammt. Aber der Arzt meinte, das steckt sie schnell weg. Sie ist zäh.
Bandit ist kerngesund. Logisch! Tessy hat ihn

klasse versorgt. Für uns war das die ganze Zeit klar. Tessy lässt doch ihr Lieblingspferd nicht verkommen!

Mittwoch: Tessys Eltern haben gemerkt, dass ihr dämliches Stallverbot ziemlich daneben war. Jetzt muss Tessy nur noch viermal in der Woche büffeln, drei Tage darf sie auf unseren Reiterhof.
Na bitte ... es geht doch!

Das Teddyhalfter

Fast ein halbes Jahr lang hatte Wiebke ihn mitgenommen, wenn sie ihr eigenes Pferd Jeronimo zum Toben auf den Paddock brachte. Morgens um halb acht und noch einmal viereinhalb Stunden nach der Mittagsfütterung.

Natürlich wusste Nico, der junge Friese, dass Wiebke eigentlich nur wegen des Braunen in seiner Nachbarbox kam, wegen Jeronimo. Doch das war Nico egal. Hauptsache, Wiebke vergaß nicht, dass er ein Recht darauf hatte, als Spielkamerad mitgenommen zu werden.

Nico war jedes Mal ganz aus dem Häuschen, wenn er Wiebkes Lachen auf der Stallgasse hörte. Ihr Lachen hieß: Gleich geht es raus – rennen, toben, wälzen. Schließlich war der Friese noch nicht mal drei Jahre alt, brauchte viel Abwechslung, und sein Besitzer konnte nur abends kommen.
Der braune Wallach Jeronimo war sein bester Freund geworden.
Er war genau so ein Kumpel, den ein junges Pferd wie Nico brauchte. Gutmütig, sanft, erfahren. Und immer für ihn da. Ein richtiger Schatz eben.
Doch dann war Jeronimo plötzlich immer stiller geworden. Selbst Nicos Aufforderung, zum Fellkraulen an die Boxenstäbe zu kommen, ließ er unbeantwortet.
Der Tierarzt kam. Erst zweimal in der Woche, später jeden Tag. Wiebkes Lachen war selten geworden.
Dann kam dieser unheilvolle Tag, den Nico am liebsten aus seiner Erinnerung streichen würde. Dabei hatte der Tag so gut angefangen.

Wiebke brachte für Jeronimo ein neues Halfter mit. Es war dunkelrot und auf dem Nasenriemen mit sieben Teddys bestickt. Ein richtiges Kunstwerk. Das streifte sie ihm morgens über, und Nico hörte mit Unbehagen, wie sie murmelte: „... damit du es wenigstens ein paar Mal getragen hast."
Später kam der Tierarzt und untersuchte Jeronimo besonders gründlich.
Danach hatte der Arzt mit Wiebke gesprochen.
„Jeronimo ist sehr, sehr krank", sagte er. Er drehte sich abrupt um und wusch sich lange und umständlich die Hände. Was er sonst noch zu sagen hatte, sprach er gegen die Wand, ohne Wiebke anzusehen.
Die anderen Mädchen im Stall, die gerade Charly und Tipo, Minka und Rambo putzten, warfen sich verstohlene Blicke zu und machten sich mit ungutem Gefühl wieder an ihren Pferden zu schaffen, obwohl die längst fertig geputzt waren. Jede von ihnen dachte dasselbe: „Wenn es jetzt mein Pferd wäre ..."
Am liebsten wären sie alle herausgelaufen,

um den kranken Jeronimo nicht mehr zu sehen. Aber der Chef hatte gesagt, das gehöre auch zur Tierliebe, dass man ein Pferd an seinen letzten Tagen nicht im Stich lasse.
Nico war ganz verstört gewesen, weil alles so anders war als sonst.
„Ich könnte mir Geld bei der Sparkasse leihen, wenn ihm teure Medikamente helfen", hörte er Wiebke verzweifelt sagen.
Aber der Tierarzt hatte nur bedauernd die Schultern gehoben und den Kopf geschüttelt. Wiebke hatte angefangen zu weinen und sich zu Jeronimo in die Box gehockt. Der braune Wallach beugte seinen Kopf zu ihr herunter und legte seine Nase auf ihre Knie.
In derselben Nacht starb Jeronimo.
Er sah ganz friedlich aus, wie er da im Stroh lag. So, als sei eine große Last von ihm abgefallen.
Nachdem sie Jeronimo abgeholt hatten, blieb auch Wiebke weg. „Sie kann es nicht ertragen, seine leere Box zu sehen", sagten die Mädchen.
Nico war sehr betrübt. Schließlich war Wieb-

ke doch auch seine Freundin gewesen. Wer sollte jetzt mit ihm morgens in den Auslauf gehen?
Dann hörte er den Chef telefonieren, und es ging um ihn, um Nico.
„Er ist ganz trübsinnig geworden", sagte der Chef in die Telefonmuschel. „Komm doch mal wieder rein."
Und tatsächlich!
Am nächsten Morgen um halb acht stand Wiebke plötzlich vor seiner Box. Lachen konnte sie zwar noch nicht, aber immerhin - sie war wieder da.
Sie hatte ihm sogar etwas mitgebracht. Behutsam zog sie Nico das dunkelrote Halfter mit den sieben Teddys über den Kopf.
„Du warst schließlich Jeronimos bester Freund", sagte sie und kraulte ihm die Friesenbacken. „Du bekommst sein schönstes Halfter. Und natürlich lasse ich dich nicht im Stich."
Wiebke schob die Boxentür auf und ermunterte Nico, auf die Stallgasse herauszutreten. Stolz hob er seinen pechschwarzen Kopf mit

seinem neuen Teddyhalfter und schubste Wiebke vor sich her, so wie er das immer gemacht hatte.
„Tja, dann müssen wir beiden jetzt allein über den Paddock toben. Wenn du damit zufrieden bist ..."
Und ob Nico einverstanden war! Mehr als einverstanden!
Mit seinen breiten Friesenhufen stapfte er zufrieden hinter Wiebke her Richtung Paddock. Er wollte sie so in Atem halten, dass sie gar keine Zeit mehr zum Traurigsein haben würde. Schließlich hatte er den ganzen Tag Zeit, sich etwas auszudenken ...

Eine glatte Eins

Als Marleen die zehnte Schubkarre mit Pferdeäpfeln auf den Misthaufen entleerte, passierte es: Sie verlor das Gleichgewicht und fiel der Länge nach in den Mist. Leise schimpfend richtete sie sich auf und wischte sich das nasse Stroh ab. Feuchte Flecken breiteten sich auf T-Shirt und Reithose aus. Ausgerechnet heute!
Gleich würde Herr Fink, ihr Klassenlehrer, kommen, um sie zu besuchen. Und um sich mit dem Reitstall-Besitzer zu unterhalten, bei dem sie gerade ihr dreiwöchiges Praktikum machte.

Herr Fink würde ja einen tollen Eindruck von ihr bekommen. Dabei hatte Marleen sich für heute viel vorgenommen. Sie wollte alles dransetzen, Herrn Fink zu beeindrucken.
In der Schule gelang ihr das nämlich nicht. Nicht nur weil sie schüchtern war. Gerade in Bio, das Fach, das Herr Fink unterrichtete, war sie eine Vollniete.
Seine Leidenschaft war es, mit den Schülern Biotope anzulegen – Teiche mit Sumpfpflanzen, Fröschen und Kröten. Dazu hatte Marleen leider überhaupt keinen Draht.
Pferde fand Herr Fink zwar nett, aber Reiten hielt er für nutzlosen Zeitvertreib.
„Ein Praktikum in deinem Reitstall", hatte er zu Marleen gesagt, „ist doch eine reine Spaßangelegenheit. Ich fände es besser, wenn du irgendwo arbeiten würdest, wo du etwas lernst."
Hatte der eine Ahnung! Er wusste ja gar nicht, wie wichtig es zum Beispiel war, Pferdeboxen zu säubern und frisch einzustreuen. Die Tränken zu scheuern und die Tröge. Weil sich in ungepflegten Boxen Würmer und

Milben verbreiten, die die Pferde krank machen. All das würde sie ihrem Lehrer gleich sagen.
Seufzend schob Marleen die leere Karre zurück in den Stall und streute die Boxen mit frischem Stroh ein. Warum fand Schulunterricht nicht in Pferdeboxen statt? Todsicher würde sie sich dann mehr anstrengen!
„Hier steckst du!"
Marleen fuhr herum. Unbemerkt war Herr Fink in die Stallgasse getreten. In sicherem Abstand zu den Pferden blieb er stehen, genau in der Mitte zwischen den Boxen. Er wollte zeigen, dass er Pferde mochte und streckte unvermittelt eine Hand nach Lacoste, Marleens Lieblingspferd, aus. Der braune Oldenburger erschrak, riss den Kopf hoch und legte die Ohren an. Sofort wich Herr Fink zurück und zog schnell seine Arme an den Körper.
Marleen musste lachen. „Der tut nichts, Herr Fink."
Danach biss sie sich auf die Lippe. Warum hatte sie bloß gelacht? Kein Lehrer schätzt

es, wenn man ihn nicht ernst nimmt. Insgeheim fürchtete sie, dass sie es sich nun ganz bei ihm verscherzt hatte.
Marleen öffnete die Boxentür und warf Lacoste einen Arm voll Stroh hinein. Sofort wandte sich das Pferd ihr zu, stellte die Ohren auf und rieb seine Nase an ihr.
„Alle Achtung", sagte Herr Fink. „Bei dir ist er ja richtig nett."
Marleen wurde verlegen und drehte sich zur Seite. Da entdeckte sie Lacostes vollen Futtertrog und stutzte. „Dein Hafer liegt ja noch drin. Bist du etwa krank, mein Kleiner?"
Komisch, mit Pferden spricht es sich viel einfacher als mit Menschen, dachte Marleen.
„Mein Kleiner - das ist doch wohl ein Scherz", bemerkte Herr Fink. „Ich kann ja kaum über seinen Rücken gucken. Übrigens ...", er sah sich suchend um, „ich bin mit dem Stallbesitzer verabredet."
Marleen nickte. „Ich weiß. Der holt gerade Futter. Können Sie noch etwas warten?"
Unschlüssig sah sie ihren Lehrer an. Sie hatte sich so viel zurechtgelegt, was sie ihm über

artgerechte Haltung von Pferden erzählen wollte. Aber wie sollte sie anfangen? Einfach sagen: „Wissen Sie eigentlich, dass Pferdeäpfel oft mit Würmern verseucht sind?"
Igitt. Das ging nicht. Stattdessen murmelte Marleen: „Ich muss weiter ausmisten. Sonst schaffe ich bis mittags nicht alles."
Die Chance war vertan. Marleen griff zur Schubkarre und machte sich auf zur anderen Ecke des Stalls. Am liebsten hätte sie sich selbst geohrfeigt. Warum war sie bloß so gehemmt? Wütend auf sich selber griff sie zur Forke und machte sich an die Arbeit.
„Das ist ja ein unruhiger Bursche, dieser Lacoste!", rief Herr Fink nach einer Weile zu Marleen herüber, die sich in der letzten Box zu schaffen machte. „Der steht keine Minute still. Der scharrt und wirft sich hin, steht wieder auf. Ein verrückter Kerl."
„Was macht er?"
Sofort ließ Marleen ihre Forke fallen. Ihr schwante Böses. Im Laufschritt eilte sie zu Lacostes Box. So kündigte sich eine Kolik an, eine gefährliche Darmkrankheit. Marleen

wusste, dass so etwas blitzartig auftreten konnte.
Als sie ankam, wälzte das Pferd sich in der Box. Lacostes Fell glänzte vor Schweiß. Schon sprang der Braune wieder auf, prustete angestrengt. Dann ließ er erschöpft den Kopf hängen.
„Ist er vielleicht krank?", fragte Herr Fink, als er Marleens erschreckten Blick sah.
Marleen warf einen Blick auf die Uhr. Erst in einer Stunde würde der Stallbesitzer zurück sein. Vor lauter Aufregung begann ihr Herz schneller zu schlagen.
Auf einmal hatte Marleen keine Augen mehr für ihren Biolehrer, sondern nur noch für Lacoste. Mühselig holte das Pferd Luft. Seine schöne Mähne klebte verschwitzt am Hals.
Eine schwere Kolik, dachte Marleen. Sie fühlte, wie das Blut in ihrem Kopf pulsierte. Ich darf keine Zeit verlieren.
Ohne Erklärung lief Marleen zum Telefon in der Sattelkammer. Mit zitternden Fingern wählte sie die Nummer des Tierarztes, die neben dem Apparat hing.

Als sie zu Lacoste zurückhastete, sprang der Braune soeben wieder auf. Marleen holte Lacoste am Führstrick aus der Box. Mit steifen Beinen folgte er ihr. Unsicher musterte das Mädchen ihren Lehrer. Egal, dachte sie, was er von mir hält. Es geht um Lacoste.
„Trauen Sie sich zu, das Pferd durch die Reithalle zu führen? Lacoste muss unbedingt bewegt werden, bis der Tierarzt kommt. Oder wollen Sie lieber die Box ausmisten? Das muss auch sein! Jetzt gleich."
Herr Fink geriet ins Stottern. „Ich ... ich verstehe nicht."
Er hatte das Gefühl, dass die Rollen vertauscht waren. Er kam sich total unwissend vor, Marleen dagegen - seine Niete in Bio - schien den vollen Durchblick zu haben. Er sah, wie sie tief Luft holte. Energisch baute sie sich vor ihm auf.
„Es geht um Minuten. Das Stroh muss raus aus der Box. Das Pferd darf nichts mehr fressen. Können Sie überhaupt ausmisten?"
Herr Fink verzog das Gesicht. „Ich habe ein Aquarium ..."

Marleen verkniff sich eine Antwort und drückte ihm den Strick in die Hand.
„Durch die Reithalle führen", ordnete sie an.
Überrumpelt zog Herr Fink mit dem schwitzenden Pferd neben sich los. Der Lehrer hielt großen Abstand. Der Braune wirkte zwar krank und erschöpft, aber er beeindruckte ihn allein wegen seiner Größe.
Marleen arbeitete schnell und geübt. Schwungvoll warf sie das Stroh aus der Box, kratzte die Reste mit der Schaufel heraus. Von draußen schleppte sie einen Ballen Hobelspäne heran und füllte den Boden der Box damit aus. Gerade schaufelte sie den Hafer aus dem Futtertrog in eine Schüssel, da fuhr ein Wagen vor - der Tierarzt!
Marleen lief in die Reithalle, übernahm Lacoste und stellte ihn in die Stallgasse, gerade in dem Moment, als der Tierarzt hereinkam.
„Ich lege eine Nasenschlundsonde", sagte der Arzt und traf die Vorbereitungen.
Beeindruckt beobachtete Herr Fink, wie Marleen, seine schüchterne Marleen, zur fähigen Helferin des Tierarztes wurde. Leise

Worte wurden gewechselt. Jeder Handgriff saß.
Stumm lehnte er an einer Box. In der Schule war ihm das Mädchen kaum aufgefallen. Doch jetzt ... wie sie die bedrohliche Situation gemeistert hatte, das verdiente Hochachtung.
„Donnerwetter", sagte Herr Fink, als Lacoste wieder in seiner Box stand und es ihm besser ging. „Ich behaupte nie wieder, dass Stallarbeit reiner Spaß ist."
Marleen wurde rot. „Das war doch ganz normal."
Herr Fink klopfte ihr auf die Schulter.
„War es nicht, Marleen - das war eine glatte Eins."

Reiten im Doppelpack

Hallo, ich heiße Spitzi und bin ein Hund. Ja, richtig gelesen, ein H-u-n-d. In jedem Reitstall laufen viele meiner Kumpels herum, und darum müsst ihr endlich wissen, wie wir das ganze Theater auf so einer Anlage sehen.
„Ein Spitz wie du führt doch ein ganz normales Hundeleben", denkt ihr bestimmt. „Egal, ob er in einem normalen Haus wohnt oder auf einem Reiterhof."
Von wegen! Ich bin umgeben von merkwürdigen Wesen. Zwei davon sehe ich jeden Tag. Eins heißt Meike und ist ein Zweibeiner-Weibchen. Aber dazu später.

Erst mal erzähle ich euch von dem anderen Wesen – das ist mindestens fünfmal so groß wie ich, hat vier Hufe und reichlich blonde Haare am Kopf. Lange Zeit habe ich es für einen Riesenhund gehalten. War aber ein Irrtum. Inzwischen weiß ich, dass es kein Hund ist. Aber auch kein Mensch. Genauso wenig wie ein Meerschweinchen oder eine Katze, die kenne ich nämlich.
Die große Rasse heißt entweder „Hallo Leute, alles paletti im Stall?" oder „Ist schon gefüttert?" oder „Na, mein süßes Pferd, freust du dich, dass ich komme?" Das sagt Meike nämlich immer, wenn sie auftaucht. Das Letzte („Na, mein süßes Pferd und so weiter") sagt sie am häufigsten. Darum glaube ich, dass die Rasse mit den Hufen so heißt.
Am Anfang war ich ziemlich nett zu dem blonden „Na, mein süßes Pferd, freust du dich, dass ich komme?". Habe ihm großzügig ein Stück Fleisch aus meinem Futternapf angeboten. Sogar meinen halben Kalbsknochen habe ich ihm zugeschoben. Glaubt ihr vielleicht, der hat etwas davon gefressen? Kein

Stück! Der Typ rümpfte nur seine Nase und kaute stattdessen Heu! Heu!!!
Spielen kann ich auch nicht richtig mit ihm. Neulich, als ich mit ihm auf dem Hof stand, warf plötzlich jemand einen Ball nach uns. Was macht „Na, mein süßes Pferd, freust du dich, dass ich komme"? Erschreckt sich zu Tode und galoppiert weg. Statt mit dem Ball zu spielen. Oder zu dem Übeltäter zu flitzen und ihm die Zähne zu zeigen.
Überhaupt, die Zähne von diesem vierhufigen Riesen – die kannst du vergessen. Als ich mir seine Reißzähne angucken will ... da hat der gar keine! Totale Fehlanzeige. Das ganze Gebiss ist schnurgerade. Wie will man damit jemand richtig ins Hinterteil zwicken? Ich sage euch nur eins: Der Vierhufer ist nicht mal in der Lage, ein weggeworfenes Stöckchen zurückzubringen. Das sagt ja wohl alles.
Ehrlich gesagt, ich weiß nicht, wozu man diese Rasse „süßes Pferd und so weiter" braucht. Wenn ihr mich fragt, ich finde sie so überflüssig wie Ohrmilben und Hundeflöhe.
Meike – das ist das Zweibeiner-Weibchen – ist

leider anderer Ansicht. Jeden Tag klettert sie auf den Rücken von „Na, mein süßes Pferd, freust du dich, dass ich komme?" und geht mit ihm planlos hin und her.
Was soll das?
Nie endet der Weg an einem vernünftigen Ziel, zum Beispiel an einem Supermarkt, wo man Hundefutter-Dosen kriegt. Oder bei einem Knochenverkäufer. Für mich ist das sinnlose Energieverschwendung.
Das Verrückteste an Meike ist, dass sie sich – wenn sie nicht gerade auf dem Tier sitzt – auf zwei Beinen halten kann. Stundenlang. Wie man diese Dressur erreicht hat, ist mir schleierhaft. Okay, probiert habe ich es auch schon, auf den Hinterfüßen zu stehen ... wenn Meike eine Wurst hochhält. Für ein paar Sekunden geht das ganz gut. Aber ich möchte nicht mein ganzes Leben auf den Hinterpfoten herumstolzieren. Eine ziemlich verrückte Idee von diesen Zweibeinern.
Dabei haben sie doch auch vier Beine! Aber die vorderen schlenkern nutzlos am Körper hin und her. Die werden doch regelrecht ver-

schwendet. Warum stellen die Zweibeiner nicht einfach ihre Hände auf den Boden und gehen dann auf allen vieren – wie jedes anständige Lebewesen?
Das Einzige, wozu die vorderen Schlenkerbeine wirklich super sind, ist ... zum Füllen des Futternapfs. Alle Achtung, wie geschickt die Menschen mit den so genannten Armen sind. Meike kann mir damit auch blitzschnell ein Halsband umbinden. Das finde ich ziemlich daneben. Die Leine kränkt mich. Bin ich etwa ein gefährlicher Häftling?
Gerechterweise muss ich zugeben, dass Meike ihrem blonden Hufträger auch jeden Tag ein Halsband umbindet. Jedenfalls so was Ähnliches (Sie nennt das Zaumzeug. Warum? Fragt mich nicht). Aber statt neben ihm herzugehen, setzt sie sich auf seinen Rücken und nimmt die Leine in die Hand. Eine etwas merkwürdige Art, Gassi zu gehen ...
Natürlich dulde ich nicht, dass meine Meike allein mit diesem Tier ohne Reißzähne unterwegs ist. Kaum sitzt sie oben, springe ich sofort hinterher. Erst hat „Na, mein süßes Pferd,

freust du dich, dass ich komme?" die Ohren angelegt, besonders wenn ich Meike durchs Gesicht geleckt habe. Ob er eifersüchtig war?

Inzwischen hat er sich aber daran gewöhnt – bleibt ihm auch nichts anderes übrig. Meike gibt es nur mit mir im Doppelpack. Ich lasse mir doch nicht von jemand ohne Reißzähne auf dem Kopf herumtanzen ...

Pferdehof in Not

Nach dem ersten Galopp war Lillys Ärger über die Fünf in Englisch etwas verflogen.
Ja, im Sattel von Jerry sah alles sofort weniger bedrohlich aus. Ob sie genervt von der Schule war wie heute oder Stress mit ihren Eltern hatte - wenn Lilly nach einem Ritt mit ihrem Schimmel in den Stall zurückkehrte, war die Welt wieder in Ordnung.
Nur - bald würde es keinen Stall mehr geben, in den sie zurückkehren konnte.
Das war der Grund dafür, warum Lillys Frust

an diesem Nachmittag nicht richtig verschwand. Wie eine drohende Wolke hing die Schließung des Stalls über ihr. Der alte Stallbesitzer war in ein Seniorenheim gezogen. Ein Verwandter, den niemand kannte, sollte den Hof übernehmen. Würde er alles verkaufen? Im Stall gab es über ihn im Moment mehr Gerüchte als Pferde.
Zum Beispiel wurde gemunkelt, dass der junge Unbekannte nach dem Abitur durch die Welt gestreift sei, nach Tibet, Australien und quer durch Amerika. Einen Beruf hatte er nicht, reiten konnte er nicht, und dass er etwas von Reitställen verstand, konnte sich kaum jemand vorstellen.
„Der wird den Hof sicher verkaufen", fürchteten die Reiter.
Und dann? Es würde schwer werden, wieder ein Pferdeparadies wie dieses zu finden. Mit anderen Worten: Angst, Ärger und Sorgen krochen aus jeder Ritze des Reiterhofs.
Lilly war heute einen anderen Weg geritten als sonst, weiter ins Gelände. Sie sah auf die Uhr. Höchste Zeit, dass sie zurückritt. Sie

wollte die Abkürzung durch den See nehmen. Das sparte Zeit. Außerdem liebte Jerry es, im Wasser zu plantschen.
Gerade wollte Lilly umdrehen, als ihr Schimmel unruhig wurde und aufmerksam die Ohren spitzte. Kurz darauf hörte sie vom Wald einen Aufschrei. Lilly horchte. Da, noch ein Schrei!
Ohne nachzudenken wendete sie ihr Pferd und galoppierte an der Wiese entlang zur Lichtung. Jemand brauchte ihre Hilfe.
Am Waldrand parierte sie Jerry durch und spähte in alle Richtungen. Dann entdeckte sie einen jungen Mann, der wie ein Häufchen Elend neben einer Tanne hockte. Seine blonden Haare, ursprünglich wohl im Nacken zusammengebunden, standen zerzaust vom Kopf ab. Seine Hände umklammerten den rechten Stiefel.
Als er Lilly sah, seufzte er auf.
„Endlich ein menschliches Wesen", sagte er erleichtert. „Alleine hätte ich hier wahrscheinlich Rost angesetzt."
Er verzog das Gesicht und deutete auf den

Draht, mit dem eine kleine Schonung niedriger Tannen eingezäunt war.
„Ich wollte über den Zaun springen, bin aber ganz blöd hängen geblieben. Jetzt kann ich nicht mehr auftreten."
„Na klasse", sagte Lilly, sprang aus dem Sattel und beugte sich zu seinem Stiefel herunter.
Der Fuß war so dick geschwollen, dass er im Schuh feststeckte. Vorsichtig versuchte Lilly den Stiefel zu bewegen, aber der rührte sich keinen Millimeter. Über dem Knöchel waren tiefe Kratzer. Lilly richtete sich auf.
„Wie siehst du eigentlich aus?", fragte sie.
Erst jetzt wurde ihr bewusst, dass der Fremde nur Jeans trug, kein Hemd, keine Jacke.
Ein langer, blutiger Riss zog sich über seinen Rücken. „Hast du nichts angehabt? Kein T-Shirt?"
Wortlos zeigte er auf den Zaun. Im Stacheldraht wehte ein zerfetztes Stück Stoff, das aussah wie eine zerlumpte Piratenflagge. Das war wohl das traurige Ende seines T-Shirts.
Kurzerhand streifte Lilly ihr Jeanshemd ab

und hängte es ihm um. „Ich habe ja noch ein T-Shirt drunter."
Der junge Mann bedankte sich und warf einen abschätzenden Blick über das Gewässer. „Durch den See bin ich schneller zurück, stimmt's?", fragte er und zog sich an einem Ast hoch.
„Durch den See? Spinnst du?", fragte Lilly entsetzt. „Willst du dir eine Blutvergiftung holen?"
„Hast du einen besseren Vorschlag?"
Lilly nickte energisch.
„Klar. Ich packe dich hinten aufs Pferd, und wir reiten zusammen zu meinem Stall."
Suchend sah sie sich auf der Lichtung nach einer Hilfe zum Aufsteigen um. „Okay, da drüben, der Baumstumpf. Von da aus kommst du garantiert aufs Pferd."
Sie legte seinen Arm um ihre Schultern und stützte ihn. Mit ihrer Hilfe humpelte er zu dem abgesägten Baum. Lilly schwang sich zuerst in den Sattel, schließlich musste sie die Zügel halten. Etwas ungelenk stieg der junge Mann hinter Lilly aufs Pferd.

Als ob Jerry ahnte, dass er heute als „Erste-Hilfe-Schimmel" eingesetzt wurde, durchquerte er den See sehr behutsam. Normalerweise stampfte und scharrte er, sobald er das Wasser an seinen Beinen spürte. Aber heute geschah nichts dergleichen. Selbst als er wieder festen Grund unter den Hufen hatte, blieb Jerry ruhig. Den ganzen Weg zum Stall ging er im Schritt. Auch seine Galoppstrecke verführte den Schimmel nicht zum Rennen. Es schien fast, als wüsste er, dass es wichtig war, sich mustergültig zu benehmen.

Als Lilly dem Unbekannten erzählte, wie ihr Reitstall hieß, wurde er plötzlich sehr aufmerksam. Er wollte alles über den Hof und die Reiter wissen. Und über die Pferde und wo sie blieben, wenn der Reitstall geschlossen würde. Lilly war so auf ihr Pferd konzentriert, dass sein Interesse ihr nicht auffiel. Erst als sie auf dem Hof ankamen, merkte sie, dass die anderen Reiter tuschelten und ihr Zeichen machten. Lilly verstand sie aber nicht.

Sie blieb so lange bei dem Fremden, bis der Arzt erschien. Jerry stand die ganze Zeit dabei und ließ sich von dem jungen Mann die Nase kraulen. Überhaupt benahm der Schimmel sich seit dem Unfall im Gelände ungewöhnlich nett.

Lillys Reiterfreundinnen versuchten unauffällig in ihre Nähe zu gelangen. In einem unbeobachteten Moment flüsterte ein Mädchen ihr zu: „Das ist der neue Besitzer des Reiterhofs!"

„Waaas?"

Empört funkelte Lilly den Mann an. Vor einer Sekunde hatte sie ihn noch klasse gefunden. Aber jetzt sah das anders aus. „Wolltest du mich etwa nur aushorchen?", fauchte sie ihn an.

Er grinste ein wenig schuldbewusst. „Ich wollte nur hören, wie es auf dem Hof so zugeht. Wenn du gewusst hättest, wer ich bin, hättest du mir bestimmt nicht so viel erzählt."

Lilly brummte nur. Dann fasste sie sich ein Herz.

„Und ... verkaufst du den Stall oder nicht?"

Lillys Herz schlug auf einmal ganz schnell.

Von seiner Antwort hing alles ab.
„Ehrlich gesagt, bis vor einer Stunde wusste ich es noch nicht", gab der junge Besitzer zu. „Aber jetzt, wo mich ein Pferd aus diesem Stall gerettet hat, muss ich den Hof ja wohl behalten. Außerdem ... dann habe ich die Chance, Jerrys hübsche Reiterin öfter zu sehen ..."
Lilly wurde rot und verschwand schnell mit ihrem Schimmel im Stall. Sie hatte mal gelesen, dass Pferde einen siebten Sinn haben. Ja, so musste es auch bei Jerry sein. Er hatte geahnt, dass der Fremde ungeheuer wichtig war. Wieso sollte er sonst so umwerfend freundlich zu ihm gewesen sein? Das war doch gar nicht seine Art.
„Sag mal", flüsterte sie Jerry zu, als sie ihm liebevoll den Rücken bürstete, „kannst du hellsehen?"
Der Schimmel schnaubte und schlenkerte mit dem Kopf. In der Pferdesprache bedeutete das ungefähr: „Klar doch. Solche wichtigen Sachen solltet ihr immer uns Pferden überlassen ..."

Auke hat Heimweh

Als die Wirkung der Narkose nachließ und er in der fremden Box wieder einen klaren Gedanken fassen konnte, sah Auke als Erstes den großen Verband.
Der Friese war kein Pferd, das sich leicht aus der Ruhe bringen ließ. Aber jetzt war er doch verwirrt. Wohin war er geraten? Was war passiert? Wer war so dreist, sein rechtes Vorderbein zwischen Vorderfußwurzelgelenk und Fesselkopf fest einzuwickeln?
Je mehr die Kraft des Betäubungsmittels verschwand, und je wacher Auke wurde, desto mehr fürchtete er sich. Die große Kranken-

box, in der er stand, war ihm völlig unbekannt. Das Heu roch anders als zu Hause. Den Schimmel gegenüber kannte er genauso wenig wie die Stimmen der Zweibeiner, die auf der Stallgasse herumliefen.
Und keine Spur von Hanni, seinem Liebingsmenschen.
Unglücklich starrte der große schwarze Wallach in den Trog mit Hafer, der seit Stunden unberührt direkt vor seiner Nase stand. Auch das Heu hatte er nicht angerührt, nicht ein einziges Hälmchen.
Wie konnte er ans Fressen denken, wo er doch offensichtlich entführt worden war? Bestimmt war er entführt worden. Seine Freundin Hanni würde es nie zulassen, dass man ihn in einen anderen Stall brachte.
Auke kam sich gar nicht mehr wie ein stattlicher Friese vor, sondern irgendwie zusammengeschrumpft. Kümmerlich. Mickrig. Klein. Wie ein verlassenes Pony. Wie ein verlassenes Pony mit Sommerräude.
War er nicht immer anständig zu den Zweibeinern gewesen? Durch und durch ehrlich?

Was also konnten sie für einen Grund haben, ihn auszusetzen? Oder entführen zu lassen? Vielleicht lag das düstere Geheimnis unter dieser Binde an seinem Bein?
Auke beugte sich herunter und zog mit den Zähnen an dem Verband. Vergebens. Das Pflaster verschloss sicher die Auflage über dem Schnitt an seinem Vorderbein. Der Tierarzt hatte ein Unterstützungsband durchtrennt, um die Sehne zu entlasten. Die Operation hatte Aukes Bein jetzt in Ordnung gebracht, das erkannte man schon auf dem Röntgenbild. In zehn Tagen würde Auke aus der Tierklinik entlassen werden. Aber das konnte der Friese alles nicht wissen.
Voller Trauer starrte er vor sich hin. Auke hatte Heimweh.
Als Hanni nach der Schule endlich in die Tierklinik kommen konnte, stand Herr Hering, der Pferdepfleger, bei Auke. Immer wieder versuchte er das Pferd zum Fressen zu überreden.
„Er nimmt einfach nichts an", sagte er sorgenvoll zu Hanni. „Dabei kann er keine Schmer-

zen haben, der Chef hat ihm gerade ein Mittel dagegen gegeben. Ich glaube, er fühlt sich einfach sehr einsam und verlassen."
Hanni bekam sofort heftige Bauchschmerzen, als sie ihren Liebling so jämmerlich in der Ecke der Box stehen sah. In Aukes Augen blitzte kurz ein freudiges Erkennungszeichen auf, als sie hereinkam. Aber sein Gesicht blieb ein einziger Vorwurf: Warum tust du mir das an?
Dass er in einer teuren Tierklinik stand, war ihm völlig gleichgültig. Er wollte nur weg. Nach Hause, zurück in seine vertraute Umgebung.
Die Möhre, die Hanni ihm hinhielt, nahm Auke zwar mit den Lippen ins Maul. Aber sein Kummer war zu groß, um sie fressen zu können. Nach einiger Zeit ließ er sie einfach wieder herausfallen.
Auke wurde das Sorgenkind der Klinik. Nicht wegen seiner Wunde, die heilte sehr gut. Nein, wegen seines Heimwehs. Er wollte einfach nichts fressen. Mit Mühe und langem Zureden nahm er ab und zu etwas Heu.

Herr Hering tat sein Bestes, um den heimwehkranken Patienten zu überlisten. Er mischte ihm anderes Futter zusammen und brachte neue Schüsseln und Eimer mit. Mal schüttete Herr Hering Auke den Hafer in die Futterkrippe, mal öffnete er die Boxentür und stellte die Futterschüssel auf die Stallgasse davor.

Es half nichts. Auke dachte nur an sein Zuhause. Sie sollten alle merken, dass er sich niemals, wirklich niemals an eine fremde Umgebung gewöhnen würde. Man konnte einen Friesen nicht einfach bei Nacht und Nebel in einen anderen Stall stellen und erwarten, damit durchzukommen ...

Hanni litt mit ihrem Pferd.

Am liebsten hätte sie Auke in den Hänger gepackt, der noch auf dem Klinikhof stand, und ihn wieder mit nach Hause genommen. Aber das ging nicht. Aukes Bein durfte nicht belastet werden. Eine einzige unruhige Fahrt im Hänger - und die ganze Operation wäre umsonst gewesen.

Die anderen Vierbeiner in der Klinik taten so,

als machte ihnen der Umzug in die Krankenboxen nichts aus. Tatsächlich kam es nicht oft vor, dass Pferde so extrem unter Heimweh litten wie Auke. Aber ab und zu passierte es eben.
Einmal nahm Herr Hering Hanni beiseite und flüsterte ihr zu, er habe schon Pferde mit Tränen in den Augen gesehen. Das würde er sonst niemandem erzählen, weil die meisten Pferdebesitzer bestimmt sagen würden: „Dummes Zeug." Aber er hätte es mit eigenen Augen gesehen und wüsste, wovon er spräche.
Nach zweieinhalb Tagen Hungerstreik musste etwas geschehen. Hanni war eine Idee gekommen, die sie dem Tierarzt gleich nach der Schule erzählen wollte. Sie suchte den Pferdedoktor auf dem ganzen Klinikgelände und fand ihn schließlich bei den Operationsboxen.
„Meinen Sie, dass Auke vielleicht sein gewohntes Futter frisst?", fragte sie ihn hoffnungsvoll. „Also den Hafer aus unserem Reitstall?"

„Das hast du gut überlegt", lobte der Tierarzt. „Genau das wollte ich dir auch vorschlagen. Am besten besorgt du noch heute etwas von dem Futter. Ich hoffe wirklich, dass unser Sorgenkind das frisst."

Hanni verlor keine Minute. Endlich konnte sie etwas für ihren Auke tun!

Auf der Stelle fuhr sie in ihren Stall, schaufelte viele Kilo Hafer in zwei Jutebeutel und in ihren Rucksack und schleppte alles mit S-Bahn und Bus zurück zur Klinik.

Aufgeregt winkte sie Herrn Hering und den Tierarzt heran, als sie ihren Vorrat zu Aukes Box brachte.

Jetzt kam der wichtige Moment.

Die beiden Männer waren genauso gespannt wie Hanni. Würde Auke sein gewohntes Futter erkennen? Und fressen?

Auke reckte den Kopf, als Hanni ein wenig Hafer aus dem Rucksack in seinen Trog füllte.

Zögernd machte er einen Schritt nach vorn und steckte seine schwarze Nase in die Krippe. Behutsam glitten seine Nüstern über das Futter, sogen den Duft ein, nahmen Maß an der Hafergröße und sortierten die Körner. Verhalten zuerst, dann mit zunehmendem Appetit wagte der Friese sich an das vertraute Futter, das ihn an zu Hause erinnerte. Als er schließlich mit Genuss den Hafer zermalmte, konnte man kaum sagen, wer mehr strahlte. Der Tierarzt? Herr Hering? Hanni? Oder Auke selbst?

Nach einer Woche kam der wunderbare Samstagmorgen, an dem der Tierarzt Auke den Hals klopfte und sagte: „Dein Bein sieht jetzt einwandfrei aus."

Natürlich verstand Auke kein Wort, aber er erkannte genau, ob „menschliches Wiehern" glücklich klang oder bekümmert. Und die Tierarztstimme klang eindeutig zufrieden. Zufrieden, mit einem entspannten Unterton. Kurze Zeit später tauchte auch schon Hanni mit Halfter und Strick und strahlenden Augen vor seiner Box auf. Da wusste Auke, dass die Zeit des Heimwehs vorbei war.

Es ging nach Hause.

Fenjas neuer Freund

Fenja, die schöne Isländerstute, zuckte ein paar Mal mit den Nüstern und verzog ihr Maul.
Das tat sie immer, wenn sie leicht verärgert war. Und im Augenblick war sie leicht verärgert.
Unwillig drehte die rotweiß gescheckte Fenja ihren Kopf und musterte die anderen Pferde hinter sich, fast 40 an der Zahl. Alle waren Isländer wie Fenja, aber kein Pferd war gescheckt wie sie, sondern einfarbig braun, fuchsrot oder schwarz.
Hinter der Stute schnaubte und prustete die

Herde. Die Atemwolken zeichneten sich vor der kühlen Frühlingssonne ab und blieben weiß in der Luft hängen. Unruhig drängelten die Isländer im Auslauf vor dem Stallgebäude, aus dem das Geräusch von kratzenden Mistforken nach draußen drang.
Jedes Pferd wusste: Sobald das Mädchen Jasmin in der Stalltür erschien, ging es auf die Weide. Ein paar Isländer stampften auf und scharrten ungeduldig mit den Hufen. Wie lange mussten sie noch auf Jasmin warten? Und auf ihr Paradies mit saftigem Gras und Auslauf bis zum Horizont?
Es war deutlich zu sehen, wie sehr sich alle auf die Weide freuten. Das heißt – fast alle. Fenja nicht. Um ehrlich zu sein: Ihr war das Leben in der Herde lästig. Fenja war eine Einzelgängerin. Das zeigte sich wieder deutlich, als Jasmin die Herde jetzt auf die Weide brachte.
Fenja verzog die Nüstern, als rechts und links von ihr dutzende Isländer den Weg entlang zur Koppel stürmten. Sie trabte ein Stück zur Seite. „Bloß nicht zu viel Kontakt", sagte ihre

Miene. Statt auf die Weide zu laufen, unternahm Fenja einen Erkundungsgang am Ufer des Sees entlang, der vor der Weide lag.
Sie mochte diesen See. Am liebsten stand die gescheckte Stute bewegungslos im Wasser. Wenn sie das kühle Nass an ihren Beinen fühlte, wenn sie das leise Schwappen hörte, dann war sie zufrieden.
Wehe, ein anderes Pferd kam neugierig herbei. Das wurde sofort vertrieben. Denn wenn sich zu viele Beine im Wasser bewegten, entstanden Wellen, und Fenja konnte ihr Spiegelbild nicht mehr betrachten. Ihr Spiegelbild, das liebte die Stute. Fasziniert betrachtete sie im Wasser ihr Fellkleid, die weiße Brust, die rotbraunen Stellen hinten und die dichte Mähne, die im Wasser aussah wie eine rotgoldene Krone.
Manchmal hatte Fenja Lust, ihr Spiegelbild zu verändern. Dann plantschte sie mit den Hufen, und wie in einem Zauberspiegel sah sie im gekräuselten Wasser eine andere Fenja. Eine Fenja, deren Bauch zusammengefaltet war wie eine Ziehharmonika, eine Fen-

ja, die ganz klein und gedrungen war, oder ein Spiegelbild, das so aussah, als hätte man Fenja am Schweif lang gezogen wie einen Pferdekaugummi.
Im Wasser spielen - das verstand sie, Fenja, unter „sinnvoller Freizeitbeschäftigung".
Nicht die öden Spiele, die die anderen Isis witzig fanden. Wie dieses gegenseitige Fellkraulen ... Klar, Fenja kannte das auch. Aber war das nicht etwas für Fohlen? Ihre Pferdekollegen schienen das nicht so zu sehen.
Jedes Mal, wenn Fenja zur Weide hinüberguckte, sah sie ein paar Isländer, die sich hingebungsvoll den Rücken beknabberten.
Insgeheim, aber wirklich ganz heimlich, wünschte Fenja sich auch so einen Knabberpartner. Aber das müsste natürlich ein total toller Typ sein. Am liebsten ein gescheckter.
So einen konnte Fenja aber in der ganzen Herde nicht entdecken. Und einen anderen wollte sie nicht.
Warum war Fenja so wählerisch? Ganz einfach: Schließlich hatte sie Augen im Kopf und dachte sich ihren Teil. Hatte sie nicht schon

oft bemerkt, dass sich beim Beknabbern eine Love-Story anbahnte? Wie die Stuten auf einmal verliebt ihren „Knabber-Wallach" anstarrten und dabei jeden Stolz verloren? Wie sie ihm plötzlich am Wasserfass Platz machten? Womöglich überließen sie ihm beim Fressen auch noch die leckersten Gräser? Nein danke, darauf konnte Fenja verzichten. Nur für ihren absoluten Traumtypen würde sie das tun.
Fenja hatte immer weniger Lust, mit der Herde auf die Weide zu gehen. Kürzlich war sie einfach in den See gelaufen und davongeschwommen. Sie war schon fast am anderen Ufer, als zwei Pferdepfleger sie entdeckten. Bis zum Hals mussten beide ins kalte Wasser, um Fenja wieder einzufangen. Das fanden sie nicht lustig, denn es war ein kühler Frühlingstag.
Fenja fand es auch nicht lustig, weil sie seit diesem Tag von den Menschen genau beobachtet wurde. Ständig liefen sie hinter ihr her, wenn sie nur eine Pferdelänge vom Weg wegtrabte, der zur Koppel führte. „Bleib hier, Fenja, geh da nicht hin, Fenja ..." Nervtötend.

Lustig wurde es erst wieder, als Jasmin, ihr Lieblingsmensch, zu den anderen sagte: „Keine Panik, Leute, ich kümmere mich um Fenja. Ich reite mir ihr spazieren. Dann hat sie Beschäftigung und schwimmt nicht wieder weg."
Jasmin merkte schnell, dass die Stute richtig aufblühte, wenn sie mit ihr unterwegs war. Und Fenja? Die nahm an, dass es nun ein Leben lang so weitergehen würde. Ein Pferd weiß schließlich nicht, dass es eine Einrichtung namens Schule gibt, die Mädchen zwingt, den Tag fernab von Pferden zu verbringen. An einem Donnerstag gingen Jasmins Ferien zu Ende. Aus war es mit der Unterhaltung für Fenja.
Doch dann kam der Sonntag, ein Tag, der Fenjas Leben entscheidend verändern sollte. Die Stute war wie jeden Morgen in den See getrabt und stand allein und ruhig im Wasser. Plötzlich kräuselte sich die Oberfläche. Winzige Wellen liefen von hinten an ihren Beinen vorbei und zerstörten ihr schönes Spiegelbild. Gereizt stampfte Fenja auf und

gab einen Grunzlaut von sich. Wer nervte da? Gerade wollte sie den Störenfried mit angelegten Ohren vertreiben, da stockte sie mitten in der Bewegung. Was war das?
Verstört zuckte Fenja mit den Ohren. Vor ihr stand ... ihr eigenes Spiegelbild. Mit genau den gleichen Flecken, wie sie ihr eigenes Fell zeigte, mit rotbraunem Kopf und weißer Brust, mit der gleichen Mähne und mit vier kurzen, stämmigen Beinen, die sich jetzt in Bewegung setzten und auf sie zu stapften.
Verdutzt machte Fenja einen Schritt zurück. Doch das lebendige Spiegelbild folgte ihr und reckte auffordernd den Kopf, um sie zu beschnuppern.
Währenddessen bemerkten die Menschen, dass das Shetlandpony Ben fehlte. In alle Himmelsrichtungen schwärmten die Reiter vom Pferdehof aus und suchten ihn. Dann kam ein Reiter aus dem Gelände zurück und berichtete, er habe Ben gesehen. Oben am See.
Der Suchtrupp lief auf dem Hof zusammen. Tatsächlich – vom Stall aus konnte man erken-

nen, dass der gescheckte kleine Wallach bei Fenja im See stand. Der ganze Reiterhof staunte Bauklötze.

„Guck dir unseren Ben an", rief ein Pferdepfleger Jasmin zu, die soeben mit dem Rad ankam. „Da kriecht dieser Kerl doch einfach unterm Zaun durch und rennt zu der Isländerstute."

Jasmin lehnte ihr Fahrrad an die Mauer und kniff die Augen zusammen, um schärfer sehen zu können. Ungläubig schüttelte sie den Kopf.

„Vielleicht ist das einer, der unserer Prinzessin gefällt", sagte sie.

Ja, es war einer ...

Was keines der 40 Islandpferde fertig gebracht hatte, schaffte das gescheckte Shetlandpony Ben. Fröhlich und frech wie er war, wickelte er Fenja um den Finger. Besser gesagt: um den Huf. Schon seit Wochen hatte er ein Auge auf die Stute geworfen, konnte bisher aber nie zu ihr gelangen.

Nach dem Treffen im See wich der kleine Ben nicht mehr von ihrer Seite. Weder ein

neuer Zaun noch ein hohes Gatter konnten ihn davon abhalten, auszureißen und zu seiner Fenja zu laufen. Verliebt schmuste er Kopf an Kopf mit ihr oder knabberte an ihren Beinen.
Und Fenja? Die fand es einfach himmlisch. Ritt Jasmin mit der Stute aus, blieb Shetty-Freund Ben an ihrer Seite. Ging Jasmin mit Fenja im Wald spazieren - wer kam plötzlich durchs Gestrüpp galoppiert? Natürlich Ben. Tauchte eine Stelle zum Grasen auf, wer rupfte die Halme einträchtig Maul an Maul? Fenja und Ben.
Das war ein Kerl nach Fenjas Geschmack. Ein kleiner Kerl, zugegeben, aber einer, mit dem man durch dick und dünn gehen konnte. Einer, der Spaß verstand und der verrückte Ideen hatte. Wäre Fenja ein Mensch, würde sie wohl über Ben sagen: „Mit dem kann man Pferde stehlen."
Aber für ein Pferd ist so ein Spruch natürlich total daneben ...

Max, der Retter

„Farbe: dunkelbraun", stand in den Papieren von Max.
Diese nüchterne Farbangabe war wirklich äußerst dürftig – in Wirklichkeit sah Max aus wie eine riesige Zartbitter-Schokolade in Pferdeform.
Am schönsten glänzte sein Fell im Frühjahr, wenn sein Winterpelz weggebürstet war. Max genoss das Striegeln um diese Jahreszeit besonders, denn endlich wurde er wieder draußen geputzt.

Vom Hof aus konnte der Tiroler Wallach bis hinab nach Kitzbühel sehen. Hier, in den Bergen Österreichs, war der letzte Schnee jetzt endgültig verschwunden und mit ihm die Skiläufer. Max hatte die Wintergäste oft mit dem Pferdeschlitten vom Gasteiger Franz, seinem Besitzer, spazieren gefahren.
Doch jetzt stand der Schlitten wieder auf dem Dachboden, und in den Balkonkästen blühten rote Geranien. Beides waren für Max untrügliche Zeichen, dass bald viele interessante Reitschüler kommen würden. Und darauf freute er sich.
Denn auf dem Hof gab es für ihn keine Geheimnisse mehr. Wenn man einmal von dem Apfelgarten hinter der Pension absah, in dem Urlauber im Sommer ihre Liegestühle aufstellten.
Der Garten war für Pferde streng verboten und immer mit einer Pforte verschlossen. Einmal hatte sie aber doch offen gestanden, und Max zögerte keine Sekunde, eilig in das Gartenparadies zu streben und seine braune Nase in das köstliche Gras zu stecken.

Gut ... der Gasteiger Franz entdeckte ihn ziemlich schnell und brachte ihn zurück in den Stall. Aber Max war noch lange danach sehr zufrieden mit seinem Ausflug.
Er wusste – sein Besitzer nahm ihm solche Entdeckungsreisen nicht krumm, denn Max war ein hochanständiges Schulpferd, auf das man sich hundertprozentig verlassen konnte. Zugegeben, er stellte die Reiter gern auf die Probe. Schafften sie es, ihn aus dem Schleichgang in die normale Schulpferde-Geschwindigkeit zu kriegen? Wenn sie sich durchsetzten, schnaubte Max vergnügt und machte alles mit.
Dann schmunzelte der Gasteiger Franz, der den Reitunterricht gab, schob seine Schiebermütze in den Nacken und lobte ihn: „Gut, der Max."
Der große Tiroler Wallach hielt ein Lob von Zeit zu Zeit für absolut angebracht.
Im Laufe seines zehnjährigen Schulpferdelebens hatte er herausgefunden, dass er den Menschen mit seiner Kraft und Größe haushoch überlegen war.

Wenn er es darauf anlegen würde, könnte zum Beispiel kein Reiter in seinen Sattel steigen.
Er, Max, müsste nur einen Schritt zur Seite gehen, und die Menschen würden wie Clowns an seinem Steigbügel hängen. Er könnte auch ein paar Schritte vortreten, während der Reiter gerade das Bein hochschwang, und den zappelnden Menschen wie einen Mehlsack nach vorne plumpsen lassen. All das hätte Max ohne weiteres tun können. Doch er hatte diese Überlegenheit noch nie missbraucht. Max fand es nur angenehm zu wissen, dass er die Möglichkeit dazu hatte, und das machte ihn zu einem besonders entspannten Schulpferd. So angenehm und freundlich, dass er bei jedem Ausritt dabei war, der vom Henntalhof durch Wald und Wiesen nach Aurach führte.
Auch an diesem Samstag im Mai.
Alles hatte angefangen wie bei jedem Ausritt. Die Strecke kannte Max im Schlaf.
Vom Henntalhof ging es vorbei an der gemütlichen Pension mit den Blumenkästen und

dem Apfelgarten. Links lag die sonnige Bergwiese mit den Pferdekollegen, die frei hatten, rechts die abschüssige Weide mit den Ponys. Dann kletterte die Straße bergan am Bichlhof vorbei und an der Talstation des Sessellifts.
Danach waren es nur noch wenige Schritte bis zur Lieblingsstelle von Max. Ein breiter, flacher Gebirgsbach musste durchquert werden, um auf den Pfad dahinter zu gelangen, der durch duftende Wiesen nach Aurach führte.
Der Bach war jedes Mal eine Herausforderung für Max.
Nicht etwa, weil er tief war. Ganz im Gegenteil, das Wasser stand nur wenige Zentimeter hoch. Aber das Flussbett lag voller kleiner Steinbrocken, zwischen die die Pferde geschickt ihre Hufe setzen mussten.
In der Mitte des Baches ließen die Reiter ihre Pferde oft anhalten, damit sie von dem klaren Wasser trinken konnten.
Doch an diesem Tag kamen die Pferde nicht zum Ausruhen.

Kaum hatten sie die ersten Schritte in den Bach getan, da raste mit unglaublicher Geschwindigkeit ein Mountainbike von oben heran. Mitten in den Bach, in dem die Pferde standen. Der Fahrer hatte längst die Kontrolle über sein Fahrrad verloren, lenkte es nur irgendwie durch die Kurven, die Augen vor Angst weit aufgerissen.
„Hilfe!"
Ein lauter Aufschrei, dann ein Aufprall. Max wurde regelrecht umgefegt von dem Stoß des Mountainbikes. Sofort verlor er den Halt unter den Hufen, rutschte aus, rappelte sich aber gleich wieder auf und war mit drei Sprüngen am sicheren Ufer. Sein Reiter landete mitten im Wasser. In panischer Furcht stürmten die anderen Pferde davon.
Max verharrte unschlüssig am Rand des Baches und musterte seinen Reiter und den anderen Jungen. Mit schmerzverzerrten Gesichtern kauerten sie zwischen den Steinbrocken im Wasser. Eine Zeit lang blieb Max noch stehen und sah kummervoll auf die Jungen hinunter.

„Ob er Hilfe holen kann?", stöhnte der Radfahrer.
„Sieht er etwa aus wie ein Lawinenhund?", war die Antwort des Reiters, der trotz seines gebrochenen Beines noch Witze machen konnte.
Max hatte noch nie allein in der Mitte des Reitwegs gestanden. So wusste er auch nicht, wie er sich dort verhalten sollte. Schließlich drehte er sich um und trottete gemächlich zum Henntalhof zurück.
Statt aber schnurstracks in den Stall zu marschieren, trabte Max hinüber zum Reitplatz, auf dem der Gasteiger Franz gerade eine Springstunde gab.
Geduldig blieb Max an der Tür stehen, bis der Chef sein reiterloses Pferd entdeckte. Natürlich brach er den Unterricht sofort ab und machte sich mit seinem Geländewagen auf die Suche nach dem verschwundenen Reiter.

Als der Reitlehrer eine Stunde später zurückkam, öffnete er ohne viele Worte die Pforte

zum verbotenen Apfelbaumgarten. Max durfte als Belohnung zwischen den Liegestühlen grasen. Immer wieder musste der Chef den gespannten Urlaubern die Geschichte mit dem verunglückten Mountainbike erzählen. Wie er ihn und den Reiter aus dem Bach gefischt und ins Krankenhaus gefahren hatte. Max hörte gar nicht mehr hin.
Er wusste sowieso, wie die Geschichte enden würde.
Der Gasteiger Franz würde am Schluss des Berichts seine Kappe in den Nacken schieben, ihm den Hals klopfen und voller Anerkennung sagen: „Gut, der Max."

Wälzen will gelernt sein

Als Charly, der braune Wallach, von Laura und Amelie in die leere Reithalle geführt wird, kommt ihm alles normal vor. Nichts erscheint ihm seltsam. Noch nicht!
Laura löst den Strick von Charlys Halfter. Erwartungsvoll dreht der große Braune sich um und blickt die Stallgasse hinunter.
Von dort würde gleich sein Pferdefreund kommen, wie jeden Tag. Und wie jeden Tag würde der den besten Platz zum Wälzen in der Halle aussuchen. Erst wenn sein Freund sich hinwirft und wälzt, dann traut sich auch Charly. Das tägliche Staubbad genießt der

Braune sehr - aber allein wagt er es nicht. Er ist nämlich neu im Stall und fühlt sich noch etwas unsicher.
Charly macht ein paar Schritte hin und her, als sich nichts regt. Ungeduldig stampft er mit einem Vorderhuf auf und stößt ein langes Wiehern aus: „Wo bist du?".
Das Wiehern wird zwar von seinem Kumpel aus dem Stall beantwortet - aber er selbst bleibt unsichtbar.
Charly hängt den Kopf über die Tür und starrt eine Zeit lang auf die Stallgasse, trottet dann durch die Halle zu den beiden Mädchen und stößt sie mit der Nase an.
„Versuch es allein, Charly, dein Freund kann heute nicht kommen", sagt Amelie und klopft ihm den Hals.
„Wir beschützen dich", ermuntert auch Laura ihn. „Du schaffst das allein."
Wenig begeistert sieht Charly sich um. Allein wälzen? Ohne Schutz durch ein anderes Pferd? Und wenn es hier Löwen gibt? Oder Tiger? Leoparden?
Mit aufgestellten Ohren fixiert Charly die

Sachen auf der Tribüne. Was die Mädchen „gelber Müllsack" nennen - ist das in Wirklichkeit nicht ein geduckter Löwe? Und wenn es ein Löwe ist - ist der satt oder hungrig? So hungrig, dass er sofort zum Sprung ansetzt, wenn Charly sich zum Wälzen hinlegt?
Charly grunzt unwillig und streift an der Wand entlang. Nicht nur der Löwe auf der Tribüne macht ihm Sorgen. Was ist mit der meterlangen gelben Schlange, die seit Tagen neben der Tür lauert? Die Mädchen sagen „Wasserschlauch" dazu - aber was bedeutet das? Etwa, dass die gelbe Schlange ungefährlicher ist als eine Grüne Mamba?
Mit tief gesenktem Kopf macht Charly sich erneut auf den Weg durch die Halle, umkreist eine Stelle, scharrt heftig auf dem Boden.
Ja, hier wälzen, das wäre schön. Aber wer weiß, was ihn unter den Sägespänen erwartet? Sumpf? Moor? Das ihn, Charly, glucksend aufsaugt, sobald er sich hinwirft? Oder spitze Steine, die schmerzen?
Der Braune geht weiter, die Nase dicht über dem Boden. Erneut nimmt er eine mögliche

Wälzstelle in Augenschein. Wenn doch sein Stallfreund hier wäre! Charly hebt den Kopf und ruft noch einmal nach ihm. Laut gellt sein Wiehern durch den Stall: „Warum kommst du nicht?"

Prompt wird sein Wiehern erwidert. Charly lauscht, scheint von der Antwort nicht begeistert zu sein. Unentschlossen kratzt er weiter mit den Vorderhufen in den Spänen. Sich wälzen ohne ein vertrautes Pferd in der Nähe – das kostet Überwindung. Vertrauen in die Umgebung. Und Mut.

Ausgiebig beschnuppert Charly den Boden. Riecht nach Sägespänen und Pferdeäpfeln. Gut und ungefährlich. Brauchbarer Wälzboden.

Trotzdem traut Charly sich nicht. Welche Geheimnisse enthält der Hallenboden? Möglicherweise gibt es unter den Spänen einen Elektrozaun? Man weiß nie! Gestern ist Charly das erste Mal so einem Elektrozaun begegnet. Darauf kann er in Zukunft gut verzichten. Dieser elende Zaun! Sah aus wie ein schmales Band. Aber als Charly sich dage-

genlehnte, biss der Zaun ihn heftig in die Brust, sodass er panisch die Flucht ergriff.
Charly geht mehrmals in kleinen Schritten um die auserkorene Wälzstelle. Aus den Augenwinkeln linst er zu Amelie und Laura hinüber. Bisher ist ihm noch nie etwas passiert, wenn die beiden in seiner Nähe waren. Er mustert ihre Beine, nimmt sich viel Zeit zur Begutachtung. Zusammen haben die Mädchen vier Beine - wie ein Pferd.
Der Braune beschließt, dass Laura und Amelie als Wache beim Wälzen taugen, wenn schon kein anderes Pferd da ist. Charly überwindet sich. Der Drang zum Wälzen wird übermächtig, stärker als seine Furcht ...
Endlich knickt der Wallach mit den Beinen ein, lässt sich nach links auf die Seite fallen und schnaubt voller Vorfreude.
Charly drückt seinen Kopf ins Sägemehl. Welch ein Gefühl! Genüsslich schrubbt er seine Backe auf dem Untergrund. Rubbelt Hals, Widerrist und Hinterteil. Wohlbehagen pur! Mit einem Grunzlaut richtet Charly sich halb auf, bleibt in Kauerstellung liegen, reibt

sich an den ausgestreckten Vorderbeinen die Späne von der Nase.
Er guckt zu den Mädchen hinüber. Seine Wälz-Wache steht unverändert an ihrem Platz. Die Luft ist rein!
Seufzend lässt Charly sich wieder auf die Seite fallen, holt Schwung, überschlägt sich nach rechts und scheuert sich auch auf dieser Seite das Fell.
Dann ordnet er seine Beine. Springt auf. Schüttelt sich die Späne aus dem Fell. Streckt sich. Prustet sich den Staub aus den Nüstern.
Charly prustet immer weiter, als Amelie und Laura ihn aus der Halle holen. Nicht mehr wegen der Späne in seiner Nase. Jetzt schnaubt Charly vor Freude. Und vor Stolz, dass er sich getraut hat.
„Guck mal – seine Augen glänzen richtig", sagt Amelie, als sie für Charly die Boxentür öffnet.
Laura sieht es auch. „Stimmt, die leuchten vor Freude."
Mit erhobenem Kopf marschiert Charly in seine Box. Er ist stolz, denn er ist ein Sieger.

Gefangen im Eis

Idefix schnaubt zweimal hintereinander, so überrascht ist das Pony. Eigentlich bringt Idefix so schnell nichts aus der Ruhe. Aber was er im Moment vor sich sieht, das ist wohl ein Doppelschnauben wert.
Was ist passiert? Hat sein Lieblingsmädchen Kim den Stall über Nacht woanders hingetragen? Oder ist der ganze Hof verzaubert? Oder ist er, Idefix, von Außerirdischen entführt worden? Alles möglich. Denn seit Kim ihn eben aus dem Stall gebracht hat, ist nichts mehr wie es vorher war.
Das rotbraune Pony mit der dichten Mähne

schnorchelt laut und aufgeregt. Wo ist der braune Boden geblieben, den er kennt? Wer hat die grauen, kahlen Sträucher weggenommen? Idefix findet sich plötzlich in einer unbekannten Landschaft wieder. Die Zweige sehen aus, als hätte jeder von ihnen einen weißen Pulli übergezogen. Und auf der Weide, wo Idefix und seine Pferdefreunde sonst Gras fressen, hat jemand schneeweiße Pferdedecken ausgelegt. Tausend oder noch mehr. Idefix tänzelt an Kims Führstrick von einem Bein auf das andere.
Das Mädchen lacht und krault ihrem Pony die Mähne. „Schnee ist das, mein Kleiner. Echter Schnee. Den hast du noch nie gesehen, stimmt's?"
Auch Kim selbst und die anderen Pferdebesitzer sind von der weißen Pracht überrascht worden. Zwar ist der Boden schon seit Tagen gefroren, aber mit Schnee hat niemand gerechnet. Auf der Weide hinterm Oderdeich liegt nur selten Schnee. Meistens regnet es hier, wenn es anderswo schneit. Aber heute ist es anders! Seit Mitternacht sind dicke, wei-

ße Flocken vom Himmel gefallen. Lautlos haben sie die ganze Umgebung mit einer weißen Decke überzogen.
Die endlose Wiese liegt nun unter dickem Pulverschnee. Das würde ein Spaß für die Pferde werden! Kim freut sich mit ihnen. Es war doch eine gute Idee gewesen, vor der Schule noch rasch in den Stall zu fahren.
Nachdem sie das Weidetor geschlossen hat, lässt sie Idefix los, schaut ihm noch einen Moment zu und geht summend zu ihrem Fahrrad zurück.
Die Ponys sind kaum zu bremsen, als sie die ersten Schritte auf der weißen Weide gemacht haben. Idefix stöbert kurz mit der Nase im Schnee, probiert ein Maul voll und prustet sich den Puderzuckerschnee von den Nüstern.
Dann rennt er los.
Was für ein Vergnügen! Unter seinen Hufen stiebt der feine Schnee auf. Weiße Atemwolken wehen vor ihm her. Idefix schnaubt vor Freude. Hey ... er tobt über die ganze lange Weide ... und hey, quer über die Koppel ...

das Leben ist herrlich ... und hey, buckelnd nach rechts hinüber, fast bis zum Deich, wo die Entwässerungsgräben verlaufen.
Vorsicht, Idefix!
Aber da ist es schon passiert.
Idefix kennt den Bremsweg bei Eis und Schnee nicht. Das Pony will stoppen, direkt vor der Böschung, aber es ist viel zu spät. Es rutscht weiter und weiter, gerät über den Rand. Seine Hufe gehorchen ihm nicht mehr. Idefix rutscht immer weiter nach unten. Er strampelt, will sicheren Halt finden. Vergebens. Da landen seine Vorderbeine auf dem zugefrorenen Graben. Einen Moment lang scheint es, als ob die Eisdecke ihn trägt. Doch dann knirscht und kracht es - das Eis bricht unter seinen 400 Kilo Gewicht ein. Idefix sackt in den Morast, tiefer und tiefer. Hell gellt sein verzweifeltes Wiehern über die Weide. Helft mir doch! Idefix strampelt und wehrt sich. Doch je mehr er tobt, desto tiefer sinkt er ein ...
Als Kim von der Weide heimfahren will, muss sie ihr Rad schieben, so rutschig ist die Stra-

ße. Trotzdem freut sie sich. Morgen hat sie Geburtstag – endlich mal einer mit Schnee. Eine Feier steht nicht auf dem Programm, ihre besten Freundinnen sind als Austauschschülerinnen in England. Diesmal will Kim ganz allein mit Idefix feiern. Im Stall. Mit Marmorkuchen für sich und Möhren für Idefix.

Kim lächelt, wenn sie daran denkt. Sie versucht, auf einem gestreuten Stück Weg aufs Rad zu steigen. Wenn der Schnee bis morgen liegen bleibt, überlegt Kim, feiert sie vielleicht mit ihrem Pony auf der Weide.

In diesem Moment zerreißt ein angstvolles Wiehern die Stille. Ein eisiger Schreck fährt Kim in die Glieder. Sie weiß sofort: Das ist Idefix!

Das Fahrrad fliegt achtlos ins Gebüsch. Kim rennt, wie sie noch nie gelaufen ist. Die Straße ist glatt. Sie kommt nur langsam voran. Wie weit es bis zur Weide ist! Und dann bekommt sie auch noch Seitenstechen. Jeder Schritt wird zur Qual. Kim presst eine Hand auf die Rippen.

Endlich kommt die Weide in Sicht. Sekundenschnell überblickt sie, dass von den Pferden nur Idefix fehlt. Ein paar Frauen aus dem Reitstall laufen gerade am Zaun zusammen.
„Die Feuerwehr", schreit Kim außer sich vor Angst und winkt ihnen aufgeregt zu. „Jemand muss die Feuerwehr rufen."
Im Vorbeilaufen zieht sie zwei vergessene Führstricke vom Gattertor. Wie von Sinnen rennt Kim über die verschneite Weide. Sie stolpert, fängt sich wieder, fällt hin. Schnee rutscht ihr in die Jackenärmel, in den Nacken. Egal. Nur weiter. Zu Idefix, der um sein Leben kämpft. Seine Angstschreie tun ihr weh wie Messerstiche. Wenn ihn nur nicht die Kräfte verlassen ...
Bis zur Brust steckt Idefix im Graben. Er reißt den Kopf hoch und versucht immer noch, sich aus dem schlammigen Untergrund zu befreien. Kims Herz krampft sich zusammen, als sie ihren Liebling so verzweifelt kämpfen sieht.
„Ich hol dich raus, mein Kleiner", sagt sie mit bebender Stimme.

Mit einer Hand stützt sie sich an der glitschigen Böschung ab. Wenn sie die Stricke in sein Halfter einklinken kann, hat sie eine Chance. Das setzt sich in ihrem Kopf fest. Dann kann sie ihn ein Stück herausziehen. Aber das Mädchen kommt gar nicht an das Pferd heran. Noch einmal versucht sie es und noch einmal. Bis sie selber vor Anstrengung keucht.
Was ist das? Motorenlärm dringt zu ihr herüber. Kim dreht sich um. Die Feuerwehr rückt an!
„Ganz ruhig, Idefix", ruft sie dem Pferd beschwörend zu. „Jetzt kommt Hilfe. Gleich bist du wieder draußen."
Ein schwerer roter Einsatzwagen rumpelt über die gefrorene Wiese. Direkt vor dem Graben hält er an. Männer mit schwarzen Uniformen und gelben Helmen springen heraus.
„Zwei B-Schläuche fertig machen", ruft einer. Unglaublich rasch rollen die Retter rote Schläuche aus. Doch dem Wehrführer geht das nicht zügig genug.

„Schnell, schnell", treibt er sie an. „Das Pferd ist total erschöpft. Das da unten ist Eiswasser."
Einer muss in den Graben steigen, die Schläuche unter dem Bauch des Pferdes durchziehen. Der jüngste Feuerwehrmann, Toby, meldet sich freiwillig für diese gefährliche Aufgabe. Idefix steckt jetzt bis zum Hals im Morast. Voller Panik wirft er den Kopf nach links und rechts, seine Mähne klebt schwer und grau an seinem Hals.
An einer Sicherheitsleine wird Toby zu ihm in den Graben herabgelassen. Leise redet er dem verstörten Pferd zu. Toby arbeitet schnell und geschickt. Trotzdem scheint es Kim eine Ewigkeit zu dauern, bis die Rettungsschläuche unter Idefix' Bauch durchgezogen sind. Dann ist es geschafft. Die Schläuche werden an der Drehleiter auf dem Feuerwehrwagen befestigt.
Langsam wird das Pferd aus der Eisfalle hochgezogen. Kim ist ganz weiß um die Nase. Sie fühlt sich so erschöpft, als hätte sie selber mitgekämpft.

Noch ein letzter Ruck - und Idefix steht auf sicherem Grund. Sein schönes Fell ist von einer grauen Schlammschicht überzogen. Trotzdem fällt Kim ihrem Idefix um den Hals. Was ist ein bisschen Schmutz gegen die Freude über seine Rettung?
Jemand stößt sie an. Kim dreht sich um. Es ist Toby. „Du, ich versteh ja nicht viel von Pferden", sagt er zögernd, „aber wir haben erst letzte Woche eine Stute gerettet. Auch aus Eiswasser. Der Tierarzt verordnete damals: Lange führen, warme Decken auflegen und eine Wärmflasche auf den Rücken packen."
Kim nickt und guckt zum Stallgebäude hinüber. Sie ist selber fix und fertig. Aber irgendwie muss sie ihr Pferd dort hinbringen, in die Wärme.
„Eine Wärmflasche habe ich nicht", sagt sie schwach.
Toby mustert das erschöpfte Mädchen, dann nimmt er Idefix wie selbstverständlich am Halfter.
„Okay, ich bringe ihn zum Stall. Warme Decken reichen sicher auch."

Kim lächelt ihn an. Idefix' Retter kommt ihr vor wie ein Bote vom Himmel. Tragen Engel schwarze Uniformen mit Leuchtstreifen?
Plötzlich hört sie sich sagen: „Du ... ich habe morgen Geburtstag. Eigentlich wollte ich allein mit Idefix im Stall feiern. Aber ... nach diesem Drama ... willst du nicht kommen?"
Der Feuerwehr-Engel lacht. „Super Idee."
Er geht mit dem geretteten Pferd los und zwinkert Kim zu.
„Ich weiß schon, was ich dir mitbringe - eine Wärmflasche für Idefix."

Drei Wünsche für Amigo

Dürfen Pferde einen Wunschzettel schreiben? Amigo, der hellbraune Andalusier mit der dunklen Mähne, hätte es gern getan. Wer weiß – vielleicht gab es ja einen Weihnachtsmann für Pferde? Wenn Andalusier schreiben könnten, hätte Amigos Wunschzettel so ausgesehen:

1. Ein Freund
2. Eine Box
3. Nie mehr den großen Schimmel sehen.

Dass Amigo diese drei Wünsche hatte, kam so: Sein Besitzer musste beruflich für viele Monate nach England umziehen. Darum

brachte er seinen Andalusier auf eine schöne Weide. Er dachte, die große Wiese sei das Beste für sein Pferd.
Für Amigo aber begann keine schöne Weidezeit, sondern ein Albtraum.
Die anderen Pferde auf der Wiese, ein Schimmelwallach und drei braune Stuten, standen schon lange zusammen. Dass Amigo zu ihnen auf die Wiese gestellt wurde, empfanden die vier als Unverschämtheit. Ein Eindringling! Sie duldeten kein fünftes Pferd und wollten mit dem Neuen nichts zu tun haben.
Meistens stand der Andalusier darum allein am Weidezaun. Sein Fell war von Bisswunden übersät. Am liebsten hätte Amigo sich unsichtbar gemacht. Alle verfolgten ihn. Dabei war er vor kurzem noch ein richtiger Prachtkerl gewesen! Da stand er auch noch in seinem vertrauten Reitstall. Mit einem Friesen in der Nachbarbox, einem stattlichen Kerl, der ihn beschützte, wenn sie auf die alte Weide gingen.
Doch nun war er allein. Die vier Pferde gewöhnten sich nicht an ihn, den fünften auf der

Weide. Nein, sie machten Amigo das Leben zur Hölle. Die Stuten vertrieben ihn von der Tränke. Mit angelegten Ohren versperrten sie dem Neuen den Weg zum Heu. Der große Schimmel war besonders garstig. Mit aufgerissenem Maul ging er auf Amigo los, biss und schlug ihn, wenn der sich trotzdem hungrig an die Heuraufe wagte.
Nach wenigen Tagen war Amigos hellbraunes Fell, das früher so seidig ausgesehen hatte, übersät von Narben und Bisswunden.
Und nachts? Da war die Hetzjagd noch schlimmer. Während die anderen Pferde sich abwechselnd zum Ruhen in den Unterstand legten, traute Amigo sich nur selten dort hinein. Es gab nur einen Eingang, keinen Fluchtweg. Wagte er sich tatsächlich in den Unterstand, saß er in der Falle. Der Schimmel ließ ihn nie aus den Augen. Sobald er den Andalusier in der Holzhütte vermutete, jagte er mit drohender Miene herein und biss ihn in den Hals – und Amigo stürmte voller Angst nach draußen.
Armer Amigo.

Zum Stress des Umzugs auf die neue Weide kam für ihn nun noch der fehlende Schlaf. Das fünfte Rad am Wagen – ja, das war er. Die anderen schnitten ihn, und er hatte keinen Mut, sich dagegen zu wehren. Keiner wollte sein Freund sein.
Traurig und erschöpft stand der Andalusier jeden Tag ganz hinten auf der Weide, den Kopf gesenkt. Allein, hungrig, müde.
Und in drei Wochen war Weihnachten ...

Dürfen Pferde Wunschzettel schreiben? Oder genügt es, wenn sie oft an ihre Wünsche denken?
Ein Freund, eine Box, nie mehr den Schimmel sehen ...
Manchmal geschehen Wunder. Weihnachten vielleicht etwas öfter als sonst. Oder wie sollte man sich sonst erklären, was im Dezember passierte?
Ein Reitstall in der Nähe von Amigos Weide suchte ein neues Schulpferd. Zur gleichen Zeit beschloss Amigos Besitzer in England, seinen Andalusier zu verkaufen. Zwei Ereig-

nisse, die sich vor Weihnachten auf wundersame Weise kreuzten.
Eine Anzeige in der Zeitung, ein Telefongespräch - man wurde sich rasch über den Kaufpreis einig. Amigo fand ein neues Zuhause. Am zweiten Adventssonntag zog er um. Der Andalusier bekam nun eine große Box. Ganz für sich allein. Niemand scheuchte ihn hoch. Als Amigo sich das erste Mal zum Schlafen ins weiche Stroh fallen ließ, seufzte er vor Zufriedenheit. Und diese herrlichen Futterstunden! Ein großer Berg Heu ganz für ihn allein. Niemand machte Amigo die Halme streitig.
Beim Austoben im Auslauf verfolgte ihn kein Pferd. Das war ein Lichtblick. Andererseits - die anderen Pferde nahmen auch nicht groß Notiz von Amigo. Auch nicht der starke Friese, den Amigo sofort erspäht hatte. Mit Friesen hatte er nur Schönes erlebt. Wenn der sein Freund sein könnte ... das wäre wie ein Wunder.
Doch Amigo traute sich nicht an ihn heran. Was, wenn der Friese ihn nun nicht mochte?

Erst nach einigen Tagen wurde Amigo mutiger. Jeden Morgen wagte der Andalusier sich im Auslauf näher an den Friesen heran.
Und dann, am Heiligabend, geschah für ihn das Unfassbare.
Drei Pferde standen am Tor des Auslaufs, auch Amigo, und beobachteten den Stall. Mädchen gingen mit Körben herum und füllten jede Futterkrippe mit Äpfeln und Möhren. Bescherung für die Pferde.
Plötzlich stand der Friese neben Amigo am Gatter. Der Schwarze lehnte seinen Hals an Amigos Kopf, als sei es die natürlichste Sache der Welt.
Zuerst stand Amigo wie erstarrt da, aber dann begriff er: Der schöne Friese wollte sein Freund sein. Amigo begann vorsichtig seinen Mähnenkamm zu beknabbern. Der schwarze Riese grummelte zufrieden und rieb seine Nase an Amigos Backen.
Es gibt wohl einen Weihnachtsmann ... auch für Pferde.